I0536063

BESTACTIVITYBOOKS.COM

Copyright © 2022 LINGUAS CLASSICS

PRIMA EDIZIONE 2022

Illustrazione Grafica Extra: www.freepik.com
Grazie a Alekksall, Starline, Pch.vector, Rawpixel.com,
Vectorpocket, Dgim-studio, Upklyak, Macrovector,
Stockgiu, Pikisuperstar & Freepik.com Designers

Scoprire i Giochi Gratuiti Online

Disponibile Qui:

BestActivityBooks.com/FREEGAMES

5 CONSIGLI PER INIZIARE

1) COME RISOLVERE LE PAROLE INTRECCIATTE

I puzzle hanno un formato classico:

- Le parole sono nascoste senza spazi o trattini,...
- Orientamento: Le parole possono essere scritte in avanti, indietro, verso l'alto, verso il basso o in diagonale (possono essere invertite).
- Le parole possono sovrapporsi o intersecarsi.

2) APPRENDIMENTO ATTIVO

Accanto ad ogni parola c'è uno spazio per scrivere la traduzione. Per incoraggiare l'apprendimento attivo, un **DIZIONARIO** alla fine di questa edizione vi permetterà di controllare e ampliare le vostre conoscenze. Cerca e scrivi le traduzioni, trovale nel puzzle e aggiungile al tuo vocabolario!

3) SEGNARE LE PAROLE

Puoi inventare il tuo sistema di segni. Forse ne usi già uno? Per esempio, puoi segnare le parole difficili da trovare con una croce, le parole preferite con una stella, le parole nuove con un triangolo, le parole rare con un diamante, e così via.

4) STRUTTURARE L'APPRENDIMENTO

Questa edizione offre un **TACCUINO** alla fine del libro. In vacanza, in viaggio o a casa, puoi organizzare facilmente le tue nuove conoscenze senza bisogno di un secondo quaderno!

5) AVETE FINITO TUTTE LE GRIGLIE?

Nelle ultime pagine di questo libro, nella sezione della **SFIDA FINALE**, troverete un gioco gratuito!

Facile e veloce! Dai un'occhiata alla nostra collezione di libri di attività per il tuo prossimo momento di divertimento e **apprendimento,** a portata di clic!

Trova la tua prossima sfida su:

BestActivityBooks.com/MioProssimoLibro

Ai vostri posti, pronti...Via!

Sapevi che ci sono circa 7.000 lingue diverse nel mondo? Le parole sono preziose.

Amiamo le lingue e abbiamo lavorato duramente per creare libri di altissima qualità. I nostri ingredienti?

Una selezione di argomenti adatti all'apprendimento, tre buone porzioni di intrattenimento, una cucchiaiata di parole difficili e una spolverata di parole rare. Li serviamo con amore e entusiasmo in modo che tu possa risolvere i migliori giochi di parole e divertirti imparando!

La vostra opinione è essenziale. Puoi partecipare attivamente al successo di questo libro lasciandoci un commento. Ci piacerebbe sapere cosa ti è piaciuto di più di questa edizione.

Ecco un link veloce alla pagina dell'ordine:

BestBooksActivity.com/Recensione50

Grazie per il vostro aiuto e buon divertimento!

Tutta la squadra

1 - Scacchi

```
H Z C Z A S N O Q J J A J S
I T Z R W O P U N K T Y V T
B I A Ł Y W K R Ó L O W A R
F G R A C Z D J Y K J A B A
B G N Ł R Z S N Z T Z A W T
G R Y W R M G Z K A N D Ł E
I A X N Y A M M O P S Y Z G
W Y Z W A N I A N C W A V I
B D R F A Y S E K R Ó L D A
C I I M H K T Q U F X V Z Y
D B E T L U R V R Y L X J Z
T U I R D Z Z S S Z A A W C
J Z X X N P R Z E K Ą T N A
T M H D P Y T U R N I E J B
```

BIAŁY
MISTRZ
KONKURS
PRZEKĄTNA
GRACZ
GRA
SPRYTNY
CZARNY
BIERNY

PUNKTY
KRÓL
KRÓLOWA
ZASADY
WYZWANIA
STRATEGIA
CZAS
TURNIEJ

2 - Aggettivi #2

```
A D K Z S Ł O D K I E S D K
W U R C G U C P Z F D U T H
V Y T A B G K I R N Z H D
W C R E M C L H T S U C H Y
X K A I N A H G G N O W Y N
D U M N Y T T C Ł C S W T O
S I L N Y R Y Y T W Ł T Y R
T W Ó R C Z Y C C N A Z G M
S Ł O N Y B N J Z Z W Ł O A
G Ł O D N Y D C E N N V R L
R E L E G A N C K I Y Y Ą N
I N T E R E S U J Ą C Y C A
P R O D U K T Y W N Y T Y J
Z D R O W Y V L C Z Y S T Y
```

GŁODNY	SILNY
SUCHY	INTERESUJĄCY
AUTENTYCZNY	NORMALNA
GORĄCY	NOWY
TWÓRCZY	DUMNY
OPISOWY	PRODUKTYWNY
SŁODKIE	CZYSTY
DRAMATYCZNY	SŁONY
ELEGANCKI	ZDROWY
SŁAWNY	

3 - Mobili

```
P F M D N Ł I Z C Y C V P K
T E B A H X U F Ł Ó Ż K O R
D L U S T R O C U C U P D Z
D Y W A N E P C F T P R U E
U P T B I U R K O K O V S S
K N J X H A M A P A D N Z Ł
S Y Y J R A V P C N U N K O
A I A C M Ł M W E A S L I F
F O T E L D P A C P Z P T E
R E G A Ł T Q B K A K Ł B U
P T P C A L K H T N A P V O
Y P T X W Z A S Ł O N Y N H
Y P Ó Ł K I Q W I A V Q Ł Z
L A M P A E O W O O C M Y R
```

HAMAK	ŁAWKA
PODUSZKI	FOTEL
PODUSZKA	PÓŁKI
KANAPA	BIURKO
FUTON	KRZESŁO
LAMPA	LUSTRO
ŁÓŻKO	DYWAN
REGAŁ	ZASŁONY
MATERAC	

4 - Pesca

```
Y  J  L  K  W  S  I  S  Z  C  Z  Ę  K  A
H  O  O  Y  I  P  R  Ł  W  S  H  B  D  Ł
Z  P  C  I  P  Ł  E  T  W  Y  H  A  K  W
F  R  E  I  P  L  A  Ż  A  O  K  K  O  A
J  Z  A  N  E  O  I  Y  Ł  Ó  D  Ź  S  G
P  E  N  C  P  R  Z  Y  N  Ę  T  A  Z  A
D  S  Z  D  T  E  P  G  O  T  O  W  A  Ć
R  A  P  I  K  X  O  L  R  Z  E  K  A  S
U  D  X  P  O  I  Z  F  I  S  C  D  T  P
T  A  B  B  X  R  K  C  N  W  D  K  T  R
Z  Q  D  P  O  D  O  A  F  L  O  Z  H  Z
S  K  R  Z  E  L  A  Ł  U  E  W  Ś  C  Ę
H  S  I  D  O  O  F  K  W  S  E  B  Ć  T
I  D  H  T  Z  H  N  Z  O  R  A  I  Q  V
```

WODA	RZEKA
SPRZĘT	HAK
ŁÓDŹ	JEZIORO
SKRZELA	SZCZĘKA
KOSZ	OCEAN
GOTOWAĆ	CIERPLIWOŚĆ
PRZESADA	WAGA
PRZYNĘTA	PŁETWY
DRUT	PLAŻA

5 - Aggettivi #1

```
A V J A A R U N H O J N Y N
K C I B R M Ł O D Y C W W J
T R D S T G F W C I E N K I
Y J O O Y V B O P J R J O T
W Y S L S R I C P B Y E N C
N T K U T J Q Z C O X Ł W E
Y K O T Y D D E U I W O K N
A Q N N C Y H S I Q Ę O G N
R D A Y Z M L N Ł C N Ż L Y
B U Ł O N F L Y A U M Ł K I
M Ż Y U Y O G R O M N Y Z I
V Y W E G Z O T Y C Z N Y R
Y L Y B M I U C Z C I W Y A
W A Ż N Y O E A M B I T N Y
```

AMBITNY	WAŻNY
ARTYSTYCZNY	POWOLI
ABSOLUTNY	DŁUGIE
AKTYWNY	NOWOCZESNY
OGROMNY	UCZCIWY
EGZOTYCZNY	DOSKONAŁY
HOJNY	CIĘŻKI
MŁODY	CENNY
DUŻY	CIENKI

6 - Geologia

```
A I G W Q S D L P Y W E E P
X I R N W K W A S I A T T Ł
E R O Z J A V W G P P Z F A
C W T F K M S A E F Ń Z U S
Q U A S R I I Z J G S I K K
U L Y T Y E K N Z B T Z R O
W K S R S N O M E X A W V W
A A E E Z I N G R R L V X Y
R N A F T A T Q K W A R C Ż
S K N A A Ł Y W A Y K Ł U D
T X O V Ł O N G M O T S Y R
W H J R Y Ś E O I C Y Ó T Q
A O T E A Ć N R E X T L Z I
Z T C M F L T A Ń E T Q Q F
```

KWAS
PŁASKOWYŻ
WAPŃ
GROTA
KONTYNENT
KORAL
KRYSZTAŁY
EROZJA
SKAMIENIAŁOŚĆ
GEJZER

LAWA
MINERAŁY
KAMIEŃ
KWARC
SÓL
STALAKTYT
WARSTWA
WULKAN
STREFA

7 - Campeggio

```
G P K V Q K M J G E O H E Z
B O L D G L A S V R G A B W
N L Q R K I P P F N I M Y I
A O I H A N A R E D E A C E
T W R Q J A Q Z J L Ń K U R
U A K Y A Q V Y K K U D M Z
R N A D K I E G R S G S I Ą
A I B J R V X O E I A Ł Z T
V E I P E Z C D S Ę M D A I
A S N K Y Z E A O Ż G M B X
R G A T D O I W D Y A X A Ł
O W A D T R V O A C M Ł W Y
N A M I O T G Ó R A A G A J
E R G P K M W F K O M P A S
```

DRZEWA
HAMAK
ZWIERZĄT
PRZYGODA
KOMPAS
KABINA
POLOWANIE
KAJAK
KAPELUSZ
LINA

ZABAWA
LAS
OGIEŃ
OWAD
JEZIORO
KSIĘŻYC
MAPA
GÓRA
NATURA
NAMIOT

8 - Arti Visive

```
D D S Q L I Z C F D M H L C
C W R F H X B P O R T R E T
K P E R S P E K T Y W A O Q
A R G L I N A B O Ł Ó W E K
K R E D A Z Ł S G O V Z J R
M O C A Y R C E R A M I K A
A I M Y T W Ł P A G R D R R
L U D P D Y A K F W Z Ł F T
A M W G O Z W C I S E U I Y
R D B N Z Z I N A X Ź G L S
S E I O C U Y E O W B O M T
T W O S K F Z C Ł Ś A P P A
W L A K I E R Ł J O Ć I J I
O S Z T A L U G A A W S M F
```

GLINA   FOTOGRAFIA
ARTYSTA   KREDA
ARCYDZIEŁO   OŁÓWEK
SZTALUGA   DŁUGOPIS
WOSK   MALARSTWO
CERAMIKA   PERSPEKTYWA
KOMPOZYCJA   PORTRET
KREATYWNOŚĆ   RZEŹBA
FILM   LAKIER

9 - Esplorazione

```
D J K I P W D D H I W Z D Z
D M U H R Y E Z N O R W K A
R Ł L N Z C T I I D D I P G
A F T B E Z E A E K J E O R
F U U C S E R Ł B R I R D O
M T R N T R M A E Y P Z N Ż
N U Y O R P I L Z C O Ą I E
W I W W Z A N N P I D T E N
W S E Y E N A O I E R N C I
O Ł R Z Ń I C Ś E M Ó P E A
X G A E N E J Ć C U Ż F N W
O D W A G A A M Z N T H I P
J Ę Z Y K K N Y N G U E E R
T E R E N Z O Y Y M B Ł E D
```

ZWIERZĄT
DZIAŁALNOŚĆ
ODWAGA
KULTURY
DETERMINACJA
PODNIECENIE
WYCZERPANIE
JĘZYK
NOWY

ZAGROŻENIA
NIEBEZPIECZNY
NIEZNANY
ODKRYCIE
DZIKI
PRZESTRZEŃ
TEREN
PODRÓŻ

10 - Tempo

```
U C L Z P O Y U T J D S W Q
E K Ł V P S B V W D Z T K B
O C P O Ł U D N I E I U R G
D B R B Q Ł R Z Y K S L Ó U
W C Z O R A J O J A I E T Q
F E E M N D D S K D A C C O
Ł Z D J I O K M P A J I E R
R O C Z N E C Q Q D Y E Q F
J Z R A N O S G O D Z I N A
H E Y P O G M I N U T A D C
E G H S S L A C Ą P K W Z M
K A L E N D A R Z C R Ł I B
P R Z Y S Z Ł O Ś Ć G W E P
Ł I S Ł F D T Y D Z I E Ń Ł
```

ROK	POŁUDNIE
ROCZNE	MINUTA
KALENDARZ	NOC
DEKADA	DZISIAJ
PO	GODZINA
PRZYSZŁOŚĆ	ZEGAR
DZIEŃ	WKRÓTCE
WCZORAJ	PRZED
RANO	STULECIE
MIESIĄC	TYDZIEŃ

11 - Astronomia

```
M E T E O R A S T R O N O M
G K I M A W Q P I Z F S Q E
A S J G S N I E B O C U L J
L I K Ł T E L E S K O P R C
A Ę O A E G D K Z O S E C A
K Ż N W R Z B I W S Z R A S
T Y S I O P O Ł D M G N R T
Y C T C I L Z D P O P O Ó R
K F E A D A O I I S F W W O
A W L A A N Z R E A Ł A N N
O R A K I E T A T M K F O A
J P C H A T P G C Y I G N U
C Y J Ł S A M R O M X A O T
G R A W I T A C J A Q F C A
```

ASTEROIDA
ASTRONAUTA
ASTRONOM
NIEBO
KOSMOS
KONSTELACJA
RÓWNONOC
GALAKTYKA
GRAWITACJA

KSIĘŻYC
METEOR
MGŁAWICA
PLANETA
RAKIETA
SUPERNOWA
TELESKOP
ZIEMIA
ZODIAK

12 - Circo

```
W T V X K X O F Ż A K H N Z
I M A G I A F L O K O G A W
D S Z Z X Y A F N R S O M I
Z Ł C C X D V Q G O T Z I E
E O T Y G R Y S L B I K O R
Y Ń L E W K X L E A U O T Z
Ł A W Q M G Z V R T M E L Ą
S P E K T A K U L A R N Y T
E B K W Z C Ł B R T T M F Z
E O I L C W T P V D O U T X
Ł C J L A D Ł Q A Q K Z U Y
H K Ł O E U B A L O N Y T M
M A G I K T N X M E H K B Z
C U K I E R E K P A R A D A
```

AKROBATA	MAGIK
ZWIERZĄT	MUZYKA
BILET	BALONY
CUKIEREK	PARADA
KLAUN	MAŁPA
KOSTIUM	SPEKTAKULARNY
SŁOŃ	WIDZ
ŻONGLER	NAMIOT
LEW	TYGRYS
MAGIA	

13 - Mitologia

```
L A B I R Y N T M O Z V K A
P S K U L T U R A X A Ś A R
M I F T N J B Z G R C M T C
Z Ł O Ł E T Ó E I S H I A H
A A D R J Q S M C T O E S E
L D Z G U C T S Z W W R T T
Ł K G D R N W T N O A T R Y
X Ł M V R Z X A Y R N E O P
M V J N Z O M N F Z I L F X
P O T W Ó R Ś O Z E E N A L
B O H A T E R Ć T N D Y X Q
P G N W O J O W N I K T Y Y
W N N L H S S K R E A C J A
L E G E N D A E V H D H D F
```

ARCHETYP	ZAZDROŚĆ
ZACHOWANIE	WOJOWNIK
STWORZENIE	LABIRYNT
KREACJA	LEGENDA
KULTURA	MAGICZNY
KATASTROFA	ŚMIERTELNY
BÓSTW	POTWÓR
BOHATER	GRZMOT
SIŁA	ZEMSTA
PIORUN	

14 - Piante

```
I M X N B H F X R V B J Ł B
C P O A L A S L Q D Q M Z M
W Y X I U R M R O S N Ą Ć F
R Z V N S M N E V R U O U C
N E X I Z P D Ł C K A M Q S
B L N N C W G Y B H N K B P
O B G W Z J X K K F N G R D
T L I Ś C I F W Ł A C W D R
A Ź R Ó D Ł O I I S K L Y Z
N A W Ó Z H J A G O D A H E
I B A M B U S T A L G Q X W
K P Ł A T E K J U A D R U O
A K R Z A K H O D Z P H Ó F
T R A W A W K A K T U S C D
```

DRZEWO
JAGODA
BAMBUS
BOTANIKA
KAKTUS
KRZAK
ROSNĄĆ
BLUSZCZ
TRAWA
FASOLA

NAWÓZ
KWIAT
FLORA
LIŚCI
LAS
OGRÓD
MECH
PŁATEK
ŹRÓDŁO

15 - Spezie

```
S  Ł  C  D  Ł  E  F  H  T  Y  F  C  J  V
M  Ł  Z  X  L  R  T  V  W  P  P  C  W  B
A  K  O  P  E  R  W  Ł  O  S  K  I  E  T
K  J  S  D  A  D  Y  P  A  Ł  Ł  C  Z  X
O  L  N  I  K  P  K  A  R  D  A  M  O  N
L  U  E  M  G  I  C  G  S  W  P  S  U  U
E  K  K  B  C  E  E  O  Z  A  L  H  Ó  G
N  R  U  I  V  P  B  R  A  N  Y  Ż  P  L
D  E  G  R  S  R  U  Z  F  I  Y  J  A  A
R  C  L  O  K  Z  L  K  R  L  F  Z  P  C
A  J  U  R  K  U  A  I  A  I  H  U  R  U
V  A  C  Y  N  A  M  O  N  A  Y  T  Y  R
K  M  I  N  E  K  V  A  M  E  Y  F  K  R
G  A  S  Ł  R  J  W  Q  K  F  O  M  A  Y
```

CZOSNEK   SŁODKIE
GORZKI   KOPER WŁOSKI
ANYŻ   SMAK
CYNAMON   LUKRECJA
KARDAMON   PAPRYKA
CEBULA   PIEPRZ
KOLENDRA   SÓL
KMINEK   WANILIA
KURKUMA   SZAFRAN
CURRY   IMBIR

16 - Numeri

```
D J P D Z I E S I Ę Ć P S S
W H E I U X V Z Ł Ł Z I I Z
A T D D Ę J V Q X H L Ę E E
D R Z O E Ć O S I E M T D S
Z Z I L D N S I T Y K N E N
I Y E D W Q I E Q P T A M A
E N S P A B E D S S U Ś N Ś
Ś A I S N V M E F X O C A C
C Ś Ę Z A A N M P D H I Ś I
I C T E Ś D A Z E R O E C E
A I N Ś C W Ś E X T U G I R
Y E Y Ć I A C Z T E R Y E Z
O Z U U E W I Ł D W P Z E E
J K K D Z I E W I Ę Ć R Y E
```

PIĘĆ
DZIESIĘTNY
SIEDEMNAŚCIE
OSIEMNAŚCIE
DZIESIĘĆ
DWANAŚCIE
DWA
DZIEWIĘĆ
OSIEM
CZTERY

PIĘTNAŚCIE
SZESNAŚCIE
SZEŚĆ
SIEDEM
TRZY
TRZYNAŚCIE
JEDEN
DWADZIEŚCIA
ZERO

17 - Cioccolato

```
J  Ł  O  F  L  F  C  K  H  X  B  J  J  K
L  N  M  H  W  E  J  U  O  I  O  U  A  A
K  A  L  O  R  I  E  F  K  K  Ł  I  K  K
W  J  N  K  H  Z  Ś  D  F  I  O  X  O  A
N  Z  U  T  R  D  Ć  E  F  K  E  S  Ś  O
O  F  K  U  Y  C  U  K  I  E  R  R  Ć  T
S  O  E  G  Z  O  T  Y  C  Z  N  Y  E  Z
K  A  R  M  E  L  K  U  E  S  M  A  K  K
M  P  R  Z  E  P  I  S  L  Ł  Ł  T  M  P
P  R  O  S  Z  E  K  K  Y  O  Q  H  C  Y
P  R  M  H  H  S  K  Ł  A  D  N  I  K  S
G  O  R  Z  K  I  I  H  W  K  A  A  C  Z
F  H  K  C  H  U  L  U  B  I  O  N  Y  N
A  R  O  M  A  T  V  Q  R  E  M  C  T  Y
```

GORZKI
ANTYOKSYDANT
AROMAT
KAKAO
KALORIE
CUKIEREK
KARMEL
PYSZNY
SŁODKIE
EGZOTYCZNY

SMAK
SKŁADNIK
JEŚĆ
KOKOS
PROSZEK
ULUBIONY
JAKOŚĆ
PRZEPIS
CUKIER

18 - Guida

```
P I E S Z Y K I E R O W C A
A L W T M O T O C Y K L I G
L I Y P U W E P O L I C J A
I C P T E N U O S A A S B Z
W E A Ł I C E R T E E K K N
O N D H T E Z L R H R S N Q
S C E A R S R S O G D E Y G
A J K M A P A I Ż U A V L D
M A Y U N V U L N R L R I U
O O G L S F T N O O A I A Z
C T Q C P P O I Ś B C S C Ż
H U U E O E B K Ć J F Z A A
Ó J B T R A U N D Y I O C W
D M H L T G S Z S V N P Ł O
```

OSTROŻNOŚĆ   LICENCJA
KIEROWCA   MAPA
SAMOCHÓD   MOTOCYKL
AUTOBUS   SILNIK
PALIWO   PIESZY
HAMULCE   POLICJA
GARAŻ   ULICA
GAZ   TRANSPORT
WYPADEK   TUNEL

19 - Sport

```
G D Z R K O S Z Y K Ó W K A
U I O Q I Z Q Ę Z E S P Ó Ł
A D M Z D W Ł B D Q V K T T
Y T E N I S H G W Z Y B R B
Q B N O A T L E T A I Y K K
G O L F K S I L Y Q R A X H
U R H R P F T S T A D I O N
C H A G R A F Y E T B K O T
Z I S C L S K V K P H U E R
R K J M Z H H T Y A Z U D E
U G I M N A Z J U M B F Ł N
C O R O W E R P Ł Y W A Ć E
H O K E J B A S E B A L L R
Y N A M I S T R Z O S T W O
```

TRENER	GRA
SĘDZIA	GOLF
ATLETA	HOKEJ
BASEBALL	RUCH
KOSZYKÓWKA	PŁYWAĆ
ROWER	GIMNAZJUM
MISTRZOSTWO	ZESPÓŁ
GIMNASTYKA	STADION
GRACZ	TENIS

20 - Giocattoli

```
P  L  Ł  P  W  P  U  K  R  R  O  W  E  R
U  A  F  I  Y  O  L  S  O  O  P  D  V  Z
Z  T  L  Ł  O  C  U  I  B  Ę  B  N  Y  E
Z  A  A  K  B  I  B  Ą  O  G  R  P  A  M
L  W  L  A  R  Ą  I  Ż  T  A  R  G  F  I
E  I  K  R  A  G  O  K  P  F  Z  Y  O  O
U  E  A  Ź  Y  N  I  U  W  N  K  S  S  S
Z  C  A  T  N  E  Y  Ł  Ó  D  Ź  F  Z  Ł
M  F  P  C  I  Ę  Ż  A  R  Ó  W  K  A  A
S  E  T  S  A  M  O  C  H  Ó  D  O  C  T
E  F  K  B  S  A  M  O  L  O  T  J  H  G
G  L  I  N  A  F  A  R  B  Y  U  K  Y  F
C  H  V  V  A  V  T  F  W  C  T  V  E  Q
M  L  S  B  K  Z  O  Ł  H  R  G  Q  X  B
```

SAMOLOT
LATAWIEC
GLINA
RZEMIOSŁA
SAMOCHÓD
LALKA
ŁÓDŹ
BĘBNY
ROWER
CIĘŻARÓWKA

GRY
WYOBRAŹNIA
KSIĄŻKI
PIŁKA
ULUBIONY
PUZZLE
ROBOT
SZACHY
POCIĄG
FARBY

21 - Strumenti di Cottura

```
W W U K M Ł Y Ż K A G Z S P
M I K S E R O N Ó Ż I S O I
H A D P I E C P H C F I K E
P Q Z E P K K C A Z Z T O K
D V S K L Y A B R T S K W A
J A P H Q E K C N E K O I R
E L G G D X C V L R T A R N
W S Z T U Ć C E O M C T Ó I
M I O A C B O Ł D O Z O W K
X T E R X W H U Ó M A S K I
U X E K O R X M W E J T A M
W V B A O X I X K T N E K T
D U R S Z L A K A R I R S V
D T Y K N O Ż Y C Z K I F L
```

CZAJNIK	LODÓWKA
DURSZLAK	MIKSER
NÓŻ	TARKA
WIEKO	SZTUĆCE
ŁYŻKA	ŁOPATKA
SITKO	SOKOWIRÓWKA
NOŻYCZKI	PIEC
WIDELEC	TERMOMETR
PIEKARNIK	TOSTER

22 - Uccelli

```
D C I B S N Ł C Y G L F T J
H K W G O Ł Ą B E F B Y E Z
N E N B V C T X Z P C Ł D S
M P I N G W I N Ł A B Ę D Ź
P E L I K A N A H W E I R E
W O W K T U K A N Q J F T D
R F J A S T R Z Ą B G I F J
Ó Q Z C C U R C C Z A P L A
B S P Z A N O R Z E Ł X A J
E T A K N B E R Ł A J U M K
L R P A M K U K U Ł K A I O
B U U W T O D X R H G P N G
U Ś G C N W K M N Q Y J G Ę
S B A T Q E J A M L F I D Ś
```

CZAPLA	PAPUGA
KACZKA	WRÓBEL
ORZEŁ	PAW
BOCIAN	PELIKAN
ŁABĘDŹ	GOŁĄB
KUKUŁKA	PINGWIN
JASTRZĄB	KURCZAK
FLAMING	STRUŚ
MEWA	TUKAN
GĘŚ	JAJKO

23 - Giorni e Mesi

```
N U X S T Y C Z E Ń Ł H M S
I I Z G H X Z M S K U K I O
H E E Y B A T X D W J K E B
P A Ź D Z I E R N I K A S O
M R C C Z E R W I E C L I T
L U T Y L I P I E C I E Ą A
W I E S V N E H K I W N C T
T B S D I E U L U E R D P Y
O I M T P E G D A Ń Z A I D
R Y O R O K R A I E E R Ą Z
E M O Z Q P B P H T S Z T I
K D B Z H O A S I X I I E E
F Y O I Ś R O D A E E J K Ń
B X D G R U D Z I E Ń S S E
```

SIERPIEŃ
ROK
KWIECIEŃ
KALENDARZ
GRUDZIEŃ
NIEDZIELA
LUTY
STYCZEŃ
CZERWIEC
LIPIEC

WTOREK
ŚRODA
MIESIĄC
LISTOPAD
PAŹDZIERNIK
SOBOTA
WRZESIEŃ
TYDZIEŃ
PIĄTEK

24 - Casa

```
D K I S U P I Ę T R O L P D
O X S T R Y C H J Z E U R A
G D X O K N O G R Ó D S Y C
R A Z H R M D L V U E T S H
O B R R A O L R Ł C J R Z B
D F P A N F P O Z G U O N I
Z L T J Ż J L M M W U Z I B
E Q E E I K U C H N I A C L
N Ś C I A N A M S Q V R T I
I P G H S U F I T L L I V O
E O H A S Y X O C Z A W I T
R K D Y W A N T Ł J Ł M C E
K Ó H M V V C Ł M F H M P K
O J Q P O F H A Y R I W Z A
```

STRYCH   PIĘTRO
BIBLIOTEKA   DRZWI
POKÓJ   OGRODZENIE
KUCHNIA   KRAN
PRYSZNIC   MIOTŁA
OKNO   SUFIT
GARAŻ   LUSTRO
OGRÓD   DYWAN
LAMPA   DACH
ŚCIANA

25 - Ristorante #1

```
X E S N V S D K M E N U P T
T N E B D K D E I J K E I U
K O R V E Ł Q V S O S K K Y
T Z W K Z A G U K E Z E A R
K C E A K D L O A N R L N T
M H T S U N K V M E L N T A
J L K J R I Ż U Ł P U E N L
Y E A E C K Y H C N P R Y E
W B Ś R Z I W Y R H G K M R
V H G Ć A F N Ó Ż U N A N Z
B L Q J K J O R B M F I B T
X M E V Z F Ś M I Ę S O A Q
K A W A Ł K Ć A L E R G I A
R E Z E R W A C J A Q E W M
```

ALERGIA
KAWA
KELNERKA
MIĘSO
KASJER
ŻYWNOŚĆ
MISKA
NÓŻ
KUCHNIA
DESER

SKŁADNIKI
JEŚĆ
MENU
CHLEB
TALERZ
PIKANTNY
KURCZAK
REZERWACJA
SOS
SERWETKA

26 - Fantascienza

```
Ś Q C U D Y S T O P I A V F
U W Y R O C Z N I A G P T U
T Y I L U Z J A R T A R A T
O I W A K I N O O E L E J U
P M G Y T Y A A B C A A E R
I A D D B B R W O H K L M Y
A G W Q Y U C U T N T I N S
P I L X C I C R Y O Y S I T
L N L I D G M H Y L K T C Y
A O O O W H W X D O A Y Z C
N W D G O U Q R I G P C Y Z
E A K S I Ą Ż K I I E Z Q N
T N L C J E S K R A J N Y Y
A Y G N M W Ń H L L P Y M N
```

KINO	KSIĄŻKI
DYSTOPIA	TAJEMNICZY
WYBUCH	ŚWIAT
SKRAJNY	WYROCZNIA
OGIEŃ	PLANETA
FUTURYSTYCZNY	REALISTYCZNY
GALAKTYKA	ROBOTY
ILUZJA	TECHNOLOGIA
WYIMAGINOWANY	UTOPIA

27 - Città

```
B S H K L I N I K A P S U K
I K Q W V M T C T P I U N I
B L B I X U M Y E T E P I N
L E G A L E R I A E K E W O
I P M C K Y M S T K A R E B
O R U I M S A T R A R M R A
T A Z A Z T I X C Y N A S N
E H E R F A B Ę B T I R Y K
K B U Z N D J J G X A K T Q
A I M O M I W R B A P E E X
Y F M O H O T E L P R T T X
V A R R Y N E K E Z S N K Ł
S Z K O Ł A M K N Ł S J I H
L O T N I S K O A L C C H A
```

LOTNISKO
BANK
BIBLIOTEKA
KINO
KLINIKA
APTEKA
KWIACIARZ
GALERIA
HOTEL
KSIĘGARNIA

RYNEK
MUZEUM
SKLEP
PIEKARNIA
SZKOŁA
STADION
SUPERMARKET
TEATR
UNIWERSYTET
ZOO

28 - Virtù #1

```
C W N I T K S D Z O V I L A
I Y A J Q J D K D A C O A R
E D M Ą D R Y Q R B E H Ł T
K A I N I E Z A W O D N Y Y
A J Ę Z A B A W N Y M C Y S
W N T W V H L T L I D N L T
Y Y N G G B N X K H I M Y Y
P H Y D E C Y D U J Ą C Y C
U A N I E Z A L E Ż N Y C Z
R Ł C X H K Ł D O B R Y Z N
O H O J N Y W J U M T F Y Y
C K P H E P O M O C N Y S E
Z M O Ł J N S W H J H S T W
Y U P R A K T Y C Z N Y Y Z
```

UROCZY
NIEZAWODNY
NAMIĘTNY
ARTYSTYCZNY
DOBRY
CIEKAWY
DECYDUJĄCY
ZABAWNY
WYDAJNY

HOJNY
NIEZALEŻNY
SKROMNY
PACJENT
PRAKTYCZNY
CZYSTY
MĄDRY
POMOCNY

29 - Compleanno

```
S P R Z Y J A C I E L E G J
R Z A B A W A A F K S Z F R
O O C U R O C Z Y S T O Ś Ć
K R N Z E R C C I A S T O Q
V W E Ę R K Z X L Q C A M
M Ą D R O Ś Ć R A D O S N Y
Ł P P X K A L K U S J D M L
O W S P O M N I E N I A W L
D K H Ł Z S D Ś W I E C E K
Y S D T Y A M Z Y Y F B U A
P I O S E N K A I C Y L E R
L Ł W P S X P P R E Z E N T
S P E C J A L N Y Q Ń T W Y
U R O D Z O N Y Q T P B K L
```

PRZYJACIELE	DZIEŃ
ROK	MŁODY
ŚWIECE	URODZONY
PIOSENKA	PREZENT
KARTY	WSPOMNIENIA
UROCZYSTOŚĆ	MĄDROŚĆ
ZABAWA	SPECJALNY
SZCZĘŚLIWY	CZAS
RADOSNY	CIASTO

30 - Fattoria #1

```
K M P R G W X K I O H R U L
U O S M Y Y Ł K T G P O L E
R U Z W P Ż I D T R I L J Z
C I C A M D W G F O X N I Ł
Z P Z U O F K O T D M I Ó D
A Z O I K L B H R Z Y C C J
K T Ł W O W O D A E A T F S
D Ś A Ł Ń S M O N N R W P R
S W O K C I E L Ę I G O E X
P I E S T A D O O E O R B R
E N X T I N E J O H S Ł S L
U I E C W O N Q Q H A R U M
C A C Q O G Ł N A S I O N A
K R O W A S M N A W Ó Z L E
```

WODA   KOT
ROLNICTWO   STADO
PSZCZOŁA   ŚWINIA
OSIOŁ   MIÓD
POLE   KROWA
PIES   KURCZAK
KOZA   OGRODZENIE
KOŃ   RYŻ
NAWÓZ   NASIONA
SIANO   CIELĘ

31 - Paesaggi

```
P G D W U L K A N G L T O A
G Ó I O A Z A F S W P P Y H
E R Ł H L T U N D R A T C G
J A B W O I W J E Z I O R O
Z B A T Y K N Ł E W W J I Y
E I G H R S G A B B Y A Q A
R D N B W R E Z A M Y S C P
I V O Ł S O F P J O K K P L
P U S T Y N I A C R G I R A
K P Ł Z W Z G Ó R Z E N Z Ż
L O D O W I E C O E W I E A
G Ó R A L O D O W A Z A K P
O C E A N U W O D O S P A D
U I X Y X Q Y T U F B S T X
```

WODOSPAD
WZGÓRZE
PUSTYNIA
RZEKA
GEJZER
LODOWIEC
JASKINIA
GÓRA LODOWA
WYSPA
JEZIORO

MORZE
GÓRA
OAZA
OCEAN
BAGNO
PÓŁWYSEP
PLAŻA
TUNDRA
DOLINA
WULKAN

32 - Ristorante #2

```
Ł K L I O D Y Z T L Y K N P
L Y V G W I D E L E C O H G
M D Ż G O I D O Ó J Q A Y N
T O M K C M P R D K Z Y Z J
S J P N A D M Y I T U H T C
G P R W W Ł Ł B S F P T N I
K R Z E S Ł O A V Z A N L A
E Z Y J A J A W H Ł N H Q S
L Y S X V Z Z O F D A Y J T
N P T K P P N D S A P D Z O
E R A D M C N A P C Ó D Z P
R A W S A Ł A T K A J G U Ł
E W K P S Ó L W A R Z Y W A
F Y A O B I A D Z P I E Z P
```

WODA
PRZYSTAWKA
NAPÓJ
KELNER
OBIAD
ŁYŻKA
PYSZNY
WIDELEC
OWOC
LÓD

SAŁATKA
ZUPA
RYBA
SÓL
KRZESŁO
PRZYPRAWY
CIASTO
JAJA
WARZYWA

33 - Giardino

```
T O G R Ó D Ł P J O Ł U Z Q
R R G L E B A H E T O E C L
A T A R A S W J Y R P Z H E
W Ą Ż W O P K M K A A D K G
N S C Y A D A C A M T M K A
I A C H J G Z N B P A D E R
K D B O W R D E L O O R K A
Z E Y J Ł A U Z N L O Z W Ż
C D V J C B S Y L I E E I H
Y I V B E I Ł T E N E W A A
K R Z A K E B M Y A X O T M
W I N O R O Ś L A W Ł G T A
W J C K I B P F R W L W M K
E T M R R V Z Ł D G S T A W
```

DRZEWO	ŁAWKA
HAMAK	TRAWNIK
KRZAK	GRABIE
TRAWA	OGRODZENIE
CHWASTY	STAW
KWIAT	GLEBA
SAD	TARAS
GARAŻ	TRAMPOLINA
OGRÓD	WĄŻ
ŁOPATA	WINOROŚL

34 - Frutta

```
G F Ł A O T D X Ł P L O C A
P R Y B A N A N R O G Ł I W
Q B U W D H K M J M A N G O
K W Q S M O R E L A D C N K
K E M M Z O E L W R G C Y A
I Y W X Y K U O I A Ś O M D
C Y T R Y N A N Ś Ń L F D O
M A L I N A D Z N C I B S A
K I W I M P U H I Z W I X N
J A B Ł K O A U A O K Z J A
J E Ż Y N A H P T W A B V N
N E K T A R Y N A Y G Q Q A
W I N O G R O N O J Q A Z S
B R Z O S K W I N I A P Ł V
```

MORELA	MANGO
ANANAS	JABŁKO
POMARAŃCZOWY	MELON
AWOKADO	JEŻYNA
JAGODA	NEKTARYNA
BANAN	PAPAJA
WIŚNIA	GRUSZKA
KIWI	BRZOSKWINIA
MALINA	ŚLIWKA
CYTRYNA	WINOGRONO

35 - Fattoria #2

```
S A F Ż N J K A C Z K A N A
C A O Y A A Ę H W G S Y X A
I N D W W G H C E K U J O T
Ą K C N A N W E Z M L E K O
G W F O D I M I K M Z Y U K
N Ł F Ś N Ę D G Ę S I N O U
I Ą S Ć I O W O C O Z E E K
K K T P A S T O D O Ł A Ń U
L A M A N P S Z E N I C A R
Z O H S I Z W I E R Z Ą T Y
L Ł U T E O R T D Y S B B D
M G C E S O J O W C E B E Z
M Q X R I A D R H D H X D A
N L J Z A C Z R O L N I K A
```

JAGNIĘ
ROLNIK
UL
KACZKA
ZWIERZĄT
ŻYWNOŚĆ
STODOŁA
OWOC
SAD
PSZENICA

NAWADNIANIE
LAMA
MLEKO
KUKURYDZA
GĘSI
JĘCZMIEŃ
PASTERZ
OWCE
ŁĄKA
CIĄGNIK

36 - Dinosauri

```
W S Z Y S T K O Ż E R N Y K
Z Z W I V P F X D G O D H A
E B A Ł E Y Ł C Ł P Z W N C
W S B N P M C V E V M F L F
O G O N I E I N D O I G Z G
L H X O Z K F A I W A X R A
U M L M I Ę S O Ż E R C A T
C O G R O M N Y D R V R P U
J U H M A M U T B H G X T N
A S Z Ł O Ś L I W Y X J O E
R O Ś L I N O Ż E R N E R K
S K R Z Y D Ł A G A D U Ż Y
S Z W F X H G A P Y P M G E
P O T Ę Ż N Y L Y C Z C I U
```

SKRZYDŁA   POTĘŻNY
MIĘSOŻERCA   RAPTOR
OGON   GAD
OGROMNY   ZANIK
ROŚLINOŻERNE   GATUNEK
EWOLUCJA   ROZMIAR
DUŻY   ZIEMIA
MAMUT   ZŁOŚLIWY
WSZYSTKOŻERNY

37 - Verdure

```
P G S P B A K Ł A Ż A N P G
Z O K Z X L Y A Q X Ł H V R
R G M S W Z K P R Z E P A Z
X Ó C I H R M K B C W O U Y
S R U M D Y N I A O Z O I B
A E A B K O Z A D A S O L Ł
Ł K S I S G R O C H K M C T
A B Z R Z O D K I E W K A H
T R A S P K A F G G B H C L
K O L E I R Z T Q W D U E O
A K O L N C Z O S N E K L X
X U T E A Z I E M N I A K A
A Ł K R K M A R C H E W K A
W Y A P I E T R U S Z K A Q
```

CZOSNEK
BROKUŁY
KARCZOCH
MARCHEWKA
OGÓREK
CEBULA
GRZYB
SAŁATKA
BAKŁAŻAN
ZIEMNIAK

GROCH
POMIDOR
PIETRUSZKA
RZEPA
RZODKIEWKA
SZALOTKA
SELER
SZPINAK
IMBIR
DYNIA

38 - Scuola #2

```
G K S I Ą Ż K I P L E C A K
R A K A D E M I C K I E A P
A L I T E R A T U R A N M A
M E G I Ł S C Z Y T A N I E
A N N R P B Ł N I C F Q N W
T D O E Y U K O M P U T E R
Y A Ż Ł Q T L H W I G Q N A
K R Y T Ó Y R H C N C M A U
A Z C J Q W P Y O I I O U T
V E Z U U F E U W F P K K O
B O K F E D U K A C J A A B
A Q I M B J P A P I E R J U
N A U C Z Y C I E L I J L S
M A T E M A T Y K A H Y T W
```

AKADEMICKI
AUTOBUS
KALENDARZ
PAPIER
KOMPUTER
SŁOWNIK
EDUKACJA
NOŻYCZKI
GRY
GRAMATYKA

NAUCZYCIEL
LITERATURA
CZYTANIE
KSIĄŻKI
MATEMATYKA
OŁÓWEK
BUTY
NAUKA
PLECAK

39 - Barbecue

```
S  G  R  Y  O  M  W  T  O  Y  K  H  L  P
A  R  F  H  Q  U  A  P  F  B  R  R  Ł  O
Ł  I  C  S  G  Z  R  Ł  X  Z  I  D  T  M
A  L  R  Z  O  Y  Z  K  T  A  O  A  Y  I
T  L  O  T  R  K  Y  A  U  P  W  G  D  D
K  A  D  H  Ą  A  W  A  Q  R  O  G  J  O
I  T  Z  Ż  C  S  A  J  S  O  C  Ł  Q  R
R  O  I  Y  Y  P  P  T  P  S  E  Z  F  Y
S  O  N  W  K  H  M  G  I  Z  B  P  A  X
O  Ó  A  N  T  N  O  Ż  E  E  U  L  G  K
S  O  L  O  Y  E  W  J  P  N  L  W  Ł  Q
I  L  E  Ś  M  B  J  G  R  I  E  R  Ó  N
Y  X  D  Ć  T  D  B  C  Z  E  M  U  D  H
K  J  N  Y  D  J  C  Y  Ł  Ł  N  L  Y  C
```

GORĄCY
OBIAD
ŻYWNOŚĆ
CEBULE
NOŻE
LATO
GŁÓD
RODZINA
OWOC
GRY

GRILL
SAŁATKI
ZAPROSZENIE
MUZYKA
PIEPRZ
KURCZAK
POMIDORY
SÓL
SOS
WARZYWA

40 - Riempire

```
R B N H T W M G F G B Z C W
S U U A G L B K O P E R T A
Z W R T C T F O L A C C O Z
U A L A E Z C S D K Z L R O
F N W C P L Y Z E I K I B N
L N H A A H K N R E A B A H
A A C B Y Y O A I T V B W K
D W W M K C U Z D E V O A L
A D W I A D R O R Z O J L P
W Y Y S R K I E S Z E Ń I I
S Y H Q T T V B M H L L Z D
O L F F O V G P U D E Ł K O
S M I R N S K R Z Y N I A Q
H B A S E N Ł U L J N Z S O
```

BASEN	NACZYNIE
BECZKA	PAKIET
TORBA	PUDEŁKO
BUTELKA	WIADRO
KOPERTA	KIESZEŃ
FOLDER	RURA
KARTON	WALIZKA
SKRZYNIA	WANNA
SZUFLADA	WAZON
KOSZ	TACA

41 - Insetti

```
S S Z E R S Z E Ń R V E T K
W Z L S D T V E W C O G T O
Ć M A M Q I Ł A M H Z B J N
W S R R N D Y K O R K K A I
U Z W Ó A M W M T Z M P S K
M Y A W I Ń E U Y Ą O S A P
K C G K V U C Z L S D Z Y O
L A H A Q Y Y Z U Z L C Y L
R B R M Z U K N A C I Z Q N
H O W A Ż K A H K Z S O D Y
O K H W L X D T H O Z Ł M O
K O M A R U A A W Ł K A M V
L P P A V P C H Ł A A S W H
Z V S T E G K H T E R M I T
```

MSZYCA
PSZCZOŁA
SZERSZEŃ
KONIK POLNY
CYKADA
CHRZĄSZCZ
ĆMA
MOTYL
MRÓWKA
LARWA

WAŻKA
SZARAŃCZA
MODLISZKA
PCHŁA
KARALUCH
TERMIT
ROBAK
OSA
KOMAR

42 - Erboristeria

```
P F H H Z S P L V D M K O O
I B O G Ł K W I A T Z U N S
E A Y T Ł Ł V D A W I L D P
T Z I Y P A J S R M E I X H
R Y Ł M I D R P O A L N Ł R
U L E I V N R E M J O A D J
S I S A M I Ę T A E N R C A
Z A T N U K B W T R Y N Z K
K O R E G A N O Y A K Y O O
A O A K Q R D U C N N F S Ś
T Y G B O X Y O Z E W T N Ć
Q U O R E P Q C N K C L E F
O U N J Ó A E X Y L Y L K X
G E Y A J D Z R Y W U K A P
```

CZOSNEK   LAWENDA
KOPER   MAJERANEK
AROMATYCZNY   MIĘTA
BAZYLIA   OREGANO
KULINARNY   PIETRUSZKA
ESTRAGON   JAKOŚĆ
KWIAT   TYMIANEK
OGRÓD   ZIELONY
SKŁADNIK

43 - Danza

```
S N R T I Z A C L Ł A S K A
B K Z H Z V T Y X Y K E P R
R E O M O V P R Ó B A M O A
M R N K K Y L Y T I D O S D
U U I P B L B T F F E C T O
Z C I A Ł O A M X U M J A S
Y W Y R A Z I S T Y I A W N
K U L T U R A I Y S A P A Y
A B E N T R A D Y C Y J N Y
G I S E S Z T U K A Z O E H
Q V D R U C H C M Q X N D O
C H O R E O G R A F I A Y D
K U L T U R A L N Y E P F C
P P W W I Z U A L N Y E I N
```

AKADEMIA
SZTUKA
KLASYCZNY
PARTNER
CHOREOGRAFIA
CIAŁO
KULTURA
KULTURALNY
EMOCJA
WYRAZISTY

RADOSNY
ŁASKA
RUCH
MUZYKA
POSTAWA
PRÓBA
RYTM
SKOK
TRADYCYJNY
WIZUALNY

44 - Commedia

```
S K W Y R A Z I S T Y X E U
T B I A K U G H I R C N V B
I M P R O W I Z A C J A Z T
A J O U J S K L A U N Ó W R
K G K R B J P H U M O R Z U
T U L I P L Z R Z A B A W A
O P A R O D I A Y B R M L Z
R O S K G L H C P T E A T R
K Ś K M F V Q X Z I N C N H
A M I N Z A B A W N Y Y H B
P I A K T O R M J N O U Y E
T E L E W I Z J A E N Ś K M
I C R A O G A T U N E K Ć Ł
B H D O W C I P Y P T M Z G
```

OKLASKI	SPRYTNY
AKTOR	PARODIA
AKTORKA	PUBLICZNOŚĆ
KLAUNÓW	ŚMIECH
ZABAWNY	DOWCIPY
ZABAWA	TEATR
WYRAZISTY	TELEWIZJA
GATUNEK	HUMOR
IMPROWIZACJA	

45 - Scuola #1

```
K K A Z G U H D F E L Y N V
R S Ł P O S M Ł A G I W A O
Z I M A X W A U L Z C G U B
E Ą J P K T R G F A Z Q C I
S Ż B I U R K O A M B O Z A
Ł K I E L R E P B I Y D Y D
O I B R G P R I E N W P C N
Y K L A S A Y S T Y K O I H
Q U I Z L B S Y O Ł Ó W E K
S F O L D E R Y Q V F I L F
X R T B Z A B A W A B E N D
Ł W E U U J Q R K D V D Y K
S S K Z A S A M L X R Z V Z
G M A T E M A T Y K A I V F
```

ALFABET	MATEMATYKA
KLASA	OŁÓWEK
BIBLIOTEKA	LICZBY
PAPIER	DŁUGOPISY
FOLDERY	OBIAD
ZABAWA	QUIZ
EGZAMINY	ODPOWIEDZI
NAUCZYCIEL	BIURKO
KSIĄŻKI	KRZESŁO
MARKERY	

46 - Fiori

```
R E A Ł H Ż M K G W V N H L
M Ł I S T O K R O T K A I L
J A Ś M I N Y B J A X L B I
M Z G B U K I E T U O I I L
S A K N P I W O N I A L S I
W P K Y O L P S J G V I K O
U L C I N L A W E N D A U W
H O O R C H I D E A X X S Y
T U L I P A N A P Ł A T E K
G A R D E N I A V Z U M G D
Z Q Ł U P L U M E R I A D O
P A S S I O N F L O W E R X
R Ó Ż A S Ł O N E C Z N I K
K O N I C Z Y N A F N U F R
```

GARDENIA	ŻONKIL
JAŚMIN	ORCHIDEA
LILIA	MAK
SŁONECZNIK	PASSIONFLOWER
HIBISKUS	PIWONIA
LAWENDA	PŁATEK
LILIOWY	PLUMERIA
MAGNOLIA	RÓŻA
STOKROTKA	KONICZYNA
BUKIET	TULIPAN

47 - Ecologia

```
K P H F Z K Y D P O H D S S
O L I O L I C Z R D J K I P
Ś W I A T O W Y Z M J E E O
C N A M E Z R Z E I D S D Ł
F A U N A J O A T A A K L E
E T P C F T Ś S R N Y R I C
M U Ł F C B L O W A G U S Z
G R H J D N I B A G N O K N
B A S R Q Y N Y N D A X O O
T L T S S Q N E I U T C G Ś
S N Y U P S O U E O U S S C
A Y J Z N F Ś Ł M O R S K I
S U S Z A E Ć Q B E A G Z U
F O T P W P K R O Ś L I N Y
```

KLIMAT
SPOŁECZNOŚCI
FAUNA
FLORA
ŚWIATOWY
SIEDLISKO
MORSKI
NATURA
NATURALNY

BAGNO
ROŚLINY
ZASOBY
SUSZA
PRZETRWANIE
GATUNEK
ODMIANA
ROŚLINNOŚĆ

48 - Discipline Scientifiche

```
S I R M I N E R A L O G I A
I O B O T A N I K A D B T W
Z M C H E M I A Y N Ż I A M
C H M J D D Q X C A Y O R E
E J F U O C R L G T W L C T
T A Q P N L S X U O I O H E
S G B Z S O O E S M A G E O
N J E Ł Z O L G T I N I O R
A Ł T V Z D Q O I A I A L O
G E O L O G I A G A E T O L
P S Y C H O L O G I A R G O
F I Z J O L O G I A A E I G
T E R M O D Y N A M I K A I
Q E K O L O G I A H K Y X A
```

ANATOMIA
ARCHEOLOGIA
BIOLOGIA
BOTANIKA
CHEMIA
EKOLOGIA
FIZJOLOGIA
GEOLOGIA

IMMUNOLOGIA
METEOROLOGIA
MINERALOGIA
ODŻYWIANIE
PSYCHOLOGIA
SOCJOLOGIA
TERMODYNAMIKA

49 - Scienza

```
C E N H V F D M C M P Ł E E
Z H K L I M A T Z I N P W H
Ą R E S O B P J Ą N A N O I
S H R M P L G Ł S E D A L P
T Y W O I E Z Z T R M T U O
E I Ł T V C R E K A I U C T
C H L C Ł H Z Y I Ł F R J E
Z A A M S Ł M N M Y E A A Z
K F I Z Y K A K Y E C J K A
I D A N E I A I R F N I H T
M E T O D A A T O M O T Ł B
L A B O R A T O R I U M E E
U O Z O R G A N I Z M H R Q
W T G R A W I T A C J A W T
```

ATOM
CHEMICZNY
KLIMAT
DANE
EKSPERYMENT
EWOLUCJA
FAKT
FIZYKA
GRAWITACJA

HIPOTEZA
LABORATORIUM
METODA
MINERAŁY
CZĄSTECZKI
NATURA
ORGANIZM
CZĄSTKI

50 - Acqua

```
T W O B P O W Ó D Ź U L N Q
P I U M L R Z E K A Q T A Q
A L Ó D C Y Y U P A R O W Y
R G X D Y M V S X L K Z A Q
O O G E J Z E R Z Ś M S D H
W T R S W I A M O N S U N U
A N A Z I G S K C I I P I R
N Y J C L K T A E E S C A A
I E E Z G D R N A G U Z N G
E W Z A O Y U A N P X O I A
C J I I Ć O M Ł B Ł Ł W E N
U D O R K L I R F E T M W O
I P R F A L E Ł Ó T Q K B Ł
T U O J O U Ń E H Z P R G O
```

POWÓDŹ   JEZIORO
KANAŁ   MONSUN
PRYSZNIC   ŚNIEG
PAROWANIE   OCEAN
RZEKA   FALE
STRUMIEŃ   DESZCZ
MRÓZ   WILGOĆ
GEJZER   WILGOTNY
LÓD   HURAGAN
NAWADNIANIE   PAROWY

51 - Gatti

```
P R Z Ę D Z A O U S X T O S
M Ł E P A Z U R E C B Y X V
Y A S R J Q H R X B C X R H
Ś P E X L G S Z S Z Y B K I
L A O F M E L C Z U Ł Y P T
I Y N I E Ś M I A Ł Y Z Y T
W J Y G U F J E L F H A S Z
Y P V L B O Ł K O F R B N O
T P F A X T Ł A N U J A D G
M Q Y R P S T W Y T M W Z O
M Y A N N L I Y Q R A N I N
Z Z S Y U I Y X R O Ł Y K M
N I E Z A L E Ż N Y Y Ł I Z
T E N O S O B O W O Ś Ć D L
```

CZUŁY	SZALONY
PAZUR	FUTRO
MYŚLIWY	OSOBOWOŚĆ
OGON	MAŁY
CIEKAWY	DZIKI
ZABAWNY	NIEŚMIAŁY
SEN	MYSZ
PRZĘDZA	SZYBKI
FIGLARNY	ŁAPA
NIEZALEŻNY	

52 - Surf

```
A  Ż  P  F  Z  Y  P  W  A  G  P  P  J  Ł
F  T  O  O  W  U  W  I  O  S  Ł  O  W  M
G  Ł  L  Ł  P  P  V  Q  C  T  Y  G  A  H
Ł  I  S  E  Ą  U  O  A  E  Y  W  O  F  P
S  I  Ł  A  T  D  L  G  A  L  A  D  A  Q
N  S  P  Q  A  A  E  A  N  N  Ć  A  L  P
S  K  R  A  J  N  Y  K  R  P  L  K  A  I
E  U  L  E  V  L  Q  H  A  N  Ł  Z  Q  A
V  M  I  S  T  R  Z  S  F  W  Y  A  E  N
Y  I  S  W  T  X  A  Ł  A  C  Y  B  D  K
X  X  N  L  Ł  J  C  Ł  Z  P  L  A  Ż  A
X  I  W  A  U  X  P  L  J  W  G  W  V  C
G  E  T  N  M  U  H  S  S  G  I  A  A  F
Z  Ł  M  D  Y  P  R  Ę  D  K  O  Ś  Ć  V
```

ATLETA	FALA
MISTRZ	WIOSŁO
ZABAWA	POPULARNY
SKRAJNY	PIANKA
TŁUMY	RAFA
SIŁA	PLAŻA
POGODA	STYL
PŁYWAĆ	ŻOŁĄDEK
OCEAN	PRĘDKOŚĆ

53 - Imbarcazioni

```
K E K A J A K R L C I F M F
B O J A W M O R Z E N A O A
F C T Y W X B B C E W L R L
Z E S W N N B Q A B K E S A
D A B S I L N I K N E A K M
N N W T B C H M A Ł F M I A
Ż J M V Z Z A Ł O G A A Z R
N A U T Y C Z N Y Q W S N Y
O C G R P J Z L I N A Z G N
I H Q L K J Q J T R A T W A
W T W Ł Ó U J O D Ł Z P X R
Ł K S E H W J E Z I O R O Z
Y T Ł Ł H N K J G G K O E O
U S B M X C N A R L N M L L
```

MASZT	FALA
KOTWICA	MARYNARZ
ŻAGLÓWKA	MORSKI
BOJA	SILNIK
KAJAK	NAUTYCZNY
LINA	OCEAN
ZAŁOGA	FALE
RZEKA	PROM
JEZIORO	JACHT
MORZE	TRATWA

54 - Api

```
K O R Z Y S T N Y S E R P S
B M H J P M I W Ł I K Ó Y L
H V N Z E Q Ż O V E O Ż Ł D
R O Ś L I N Y S G D S N E I
J W T A Y X W K O L Y O K X
R O K W I T N Ą Ć I S R Q P
I C V W E M O E Z S T O Z W
L G E Y I G Ś H I K E D D Q
O G R Ó D A Ć Ł P O M N Y S
D R Ł I C Q T R H V S O M Ł
B F Ó S K R Z Y D Ł A Ś S O
G F Ł J K R Ó L O W A Ć B Ń
I F W J Y K U M I Ó D J K C
H V B L A E T L O W A D Z E
```

SKRZYDŁA	DYM
UL	OGRÓD
KORZYSTNY	SIEDLISKO
WOSK	OWAD
ŻYWNOŚĆ	MIÓD
RÓŻNORODNOŚĆ	ROŚLINY
EKOSYSTEM	PYŁEK
KWIATY	KRÓLOWA
KWITNĄĆ	RÓJ
OWOC	SŁOŃCE

55 - Conservazione

```
R T Ł E V K O Z Ł F G X M Z
E P V X W G R P D K E Z Z M
C E E B N A G O U R K R Z I
Y D S S A H A L L L O Ó M A
K U I G T R N V H V S W N N
L K E Z U Y I A Z P Y N I Y
I A D V R R C P W T S O E E
N C L M A Q Z Y G O T W J J
G J I W L C N O D H E A S V
X A S J N Y Y Y P J M Ż Z X
N H K V Y K L I M A T O Y Ł
U W O D A L F W J Y X N Ć K
Z I E L O N Y J J N C Y J Q
Ś R O D O W I S K O M I B E
```

WODA
ŚRODOWISKO
ZMIANY
CYKL
KLIMAT
EKOSYSTEM
EDUKACJA
SIEDLISKO

NATURALNY
ORGANICZNY
PESTYCYD
RECYKLING
ZMNIEJSZYĆ
ZDROWIE
ZRÓWNOWAŻONY
ZIELONY

56 - Strumenti Musicali

```
S  S  F  M  T  S  K  R  Z  Y  P  C  E  M
V  A  L  T  W  H  J  L  B  Ę  B  E  N  A
M  K  E  P  Z  Y  A  F  A  G  O  T  G  N
Q  S  T  A  Q  Ł  Q  R  J  R  X  Y  N  D
G  O  R  P  Z  J  I  T  F  B  N  T  V  O
C  F  Ą  U  P  U  Z  O  N  A  F  E  H  L
T  O  B  M  A  R  I  M  B  A  S  O  T  I
A  N  K  U  D  H  B  R  Z  Ó  K  B  O  N
M  G  A  H  A  R  M  O  N  I  J  K  A  A
B  I  E  O  C  O  C  D  Q  B  I  I  I  A
U  T  P  E  R  K  U  S  J  A  V  S  I  G
R  A  C  Z  Ł  U  P  I  A  N  I  N  O  O
Y  R  G  R  Q  W  I  R  W  J  P  Q  Z  N
N  A  N  A  L  Ł  Y  H  R  O  F  I  P  G
```

HARMONIJKA
HARFA
BANJO
GITARA
KLARNET
FAGOT
FLET
GONG
MANDOLINA
MARIMBA

OBÓJ
PERKUSJA
PIANINO
SAKSOFON
TAMBURYN
BĘBEN
TRĄBKA
PUZON
SKRZYPCE

57 - Professioni #2

```
L B J M A L A R Z P C F B R
I G C Ę E N B U P I H O I D
N A U C Z Y C I E L I T O E
Ż A R D L K Y Z O R O L N
Y F S E O E K W S T U G O T
N I G T G B K O Ł G R R G Y
I L O E R K E A Z A G A B S
E O G K O O P E R N A F A T
R Z S T D A N L J Z A K D A
I O W Y N A L A Z C A W A Z
N F H W I W P Q U P V M C Z
W E M X K L E P X T N K Z A
C Q E P I L U S T R A T O R
B I B L I O T E K A R Z V I
```

ASTRONAUTA
BIBLIOTEKARZ
BIOLOG
CHIRURG
DENTYSTA
DETEKTYW
FILOZOF
FOTOGRAF
OGRODNIK

ILUSTRATOR
INŻYNIER
NAUCZYCIEL
WYNALAZCA
JĘZYKOZNAWCA
LEKARZ
PILOT
MALARZ
BADACZ

58 - Letteratura

```
A A E T P O W I E Ś Ć Y P S
W G N R B L I Z L M P E O T
N A B A P X E S R Q Ł Z E Y
I T H G L B R K P C I R T L
O U I E R I S Y O I H Q Y Q
S N F D I O Z T R P Z V C E
E E Ł I R G H A Ó Ł I A K M
K K Y A J R Y M W H Y N I E
T E M A T A V O N X W E I T
A U T O R F A N A L O G I A
Q J R W X I Y B N A D D H F
S L Y R V A M G I C R O W O
H Q T O P I S T E L B T W R
O T M D I A L O G T T A K A
```

ANALIZA	METAFORA
ANALOGIA	OPINIA
ANEGDOTA	WIERSZ
AUTOR	POETYCKI
BIOGRAFIA	RYM
WNIOSEK	RYTM
PORÓWNANIE	POWIEŚĆ
OPIS	STYL
DIALOG	TEMAT
GATUNEK	TRAGEDIA

59 - Cibo #2

```
U L H E C I Ł J O G U R T J
B N W U D G F J W J V N Q C
A N K W R V U B Z G A R T Z
K U R C Z A K A Z O J J V E
Ł K Y P H D Q N G P A W K K
A I B P K L R A R O B I B O
Ż W A S T J E N Z M Ł N R L
A I H Z E Q E B Y I K O O A
N D U E B J H Q B D O G K D
S Z Y N K A W N U O W R U A
U E V I S E L E R R A O Ł W
F T R C W I Ś N I A G N Y T
T O Y A Ł M H S G Q R O I M
M A Ż J P K R L D Ł Y W X H
```

BANAN	CHLEB
BROKUŁY	RYBA
WIŚNIA	KURCZAK
CZEKOLADA	POMIDOR
SER	SZYNKA
GRZYB	RYŻ
PSZENICA	SELER
KIWI	JAJKO
JABŁKO	WINOGRONO
BAKŁAŻAN	JOGURT

60 - Nutrizione

```
B F Z M Z G S D I E T A Q P
I E R Z D R O W I E H P T P
A R Ó W J E S R T J I E N M
Ł M W J A W T L Z K J T N V
K E N A D G J T O K S Y N A
A N O K A B A S Q A I T M V
B T W O L T R A W I E N I E
K A A Ś N T R S T Y L Ł T I
A C Ż Ć Y S M A K F Z G Z I
L J O W Ę G L O W O D A N Y
O A N U Y P R Z Y P R A W Y
R U Y P Ł Y N Y A S O B W O
I P S M Z D G W C D W O P T
E W I T A M I N A Y Y U Z O
```

GORZKI
APETYT
ZRÓWNOWAŻONY
KALORIE
WĘGLOWODANY
JADALNY
DIETA
TRAWIENIE
FERMENTACJA
SMAK

PŁYNY
WAGA
BIAŁKA
JAKOŚĆ
SOS
ZDROWIE
ZDROWY
PRZYPRAWY
TOKSYNA
WITAMINA

61 - Matematica

Ś	R	A	H	R	M	S	U	P	S	R	F	W	T
E	R	Ó	N	A	U	N	Ł	O	Y	U	I	I	W
G	W	E	W	O	B	W	Ó	D	M	O	C	E	P
D	E	T	D	N	F	L	H	Z	E	P	P	L	I
Z	T	O	A	N	O	H	Q	I	T	I	M	O	R
I	S	U	M	A	I	L	B	A	R	G	T	K	Ó
E	P	G	N	E	N	C	E	Ł	I	K	R	Ą	W
S	R	D	H	K	T	R	A	G	A	Ą	Ó	T	N
I	O	X	X	W	M	R	I	B	Ł	T	J	Y	A
Ę	M	B	L	A	D	K	I	U	A	Y	K	Y	N
T	I	L	B	D	L	H	E	A	A	U	Ą	V	I
N	E	L	G	R	N	Y	J	G	O	W	T	P	E
Y	Ń	M	O	A	F	R	A	K	C	J	A	B	J
P	R	O	S	T	O	K	Ą	T	Y	J	H	Y	B

KĄTY
DZIESIĘTNY
ŚREDNICA
PODZIAŁ
RÓWNANIE
FRAKCJA
GEOMETRIA
RÓWNOLEGŁY

OBWÓD
WIELOKĄT
KWADRAT
PROMIEŃ
PROSTOKĄT
SYMETRIA
SUMA
TRÓJKĄT

62 - Meditazione

```
N A T U R A G W P N P Ż P O
W C Y W U T T S R T E Y S D
H I Ł A C Ł R P Z N R C Y D
U S G G H W T Ó E P S Z C E
J Z H A W D S Ł J R P L H C
R A E Ł G Z P C R Z E I I H
K M C M I I O Z Z Y K W C O
Ł U N A O Ę K U Y J T O Z W
C Z M C U C Ó C S Ę Y Ś N Y
M Y Ś L I Z J I T C W Ć Y Q
V K O R M N Q E O I A A Z M
H A Q Z Q O K N Ś E P T D K
U M Y S Ł Ś J J Ć P O K Ó J
D D F A U Ć P O S T A W A S
```

PRZYJĘCIE
UWAGA
SPOKÓJ
PRZEJRZYSTOŚĆ
WSPÓŁCZUCIE
EMOCJE
ŻYCZLIWOŚĆ
WDZIĘCZNOŚĆ
PSYCHICZNY
UMYSŁ

RUCH
MUZYKA
NATURA
POKÓJ
MYŚLI
POSTAWA
PERSPEKTYWA
ODDECHOWY
CISZA

63 - Estate

```
N P M J N Ż Y W N O Ś Ć Y K
W U R E L A K S W J D M F Ł
P Y R Z A P A H E W U Z Ł J
R V P K Y Y Q W A K A C J E
F E I O O J R A D O Ś Ć K R
K M L K C W A C P B X P S O
E D X O D Z A C M P Z L I D
M O R Z E C Y N I A C A Ą Z
P M O G R Ó D N I E E Ż Ż I
I R M U Z Y K A E E L A K N
N P O D R Ó Ż N N K C E I A
G W S P O M N I E N I A O X
R S A N D A Ł Y A L N R E N
Y D M F R G W I A Z D Y Q D
```

PRZYJACIELE	MORZE
KEMPING	MUZYKA
DOM	WSPOMNIENIA
ŻYWNOŚĆ	RELAKS
RODZINA	SANDAŁY
OGRÓD	PLAŻA
GRY	GWIAZDY
RADOŚĆ	WYPOCZYNEK
NURKOWANIE	WAKACJE
KSIĄŻKI	PODRÓŻ

64 - Escursionismo

```
G Ó R A C G B W C K C Q S G
F K A M I E N I E M Y I C A
H T I M S O S N P A R K I K
Ł I I Q Ł D M Ł W P A E Ę L
Z A G R O Ż E N I A K M Ż I
W Y E P Ń C D Z I K I P K M
O Z M Ę C Z O N Y L W I I A
D W N Q E O X L V I Q N C T
A I E J B G H Ł F F O G E D
Ł É D K E U S Z C Z Y T W U
P R Z Y G O T O W A N I E G
Q Z K O G Ł Ł Y N A T U R A
K Ą O R I E N T A C J A Y T
Ł T P R Z E W O D N I K I E
```

WODA	ZAGROŻENIA
ZWIERZĄT	CIĘŻKI
KEMPING	KAMIENIE
KLIMAT	PRZYGOTOWANIE
PRZEWODNIKI	KLIF
MAPA	DZIKI
GÓRA	SŁOŃCE
NATURA	ZMĘCZONY
ORIENTACJA	BUTY
PARKI	SZCZYT

65 - Professioni #1

```
P P R A W N I K M R F N P S
I A R T Y S T A U E A M S P
A S T R O N O M Z D R A Y I
N W R G O R J Q Y A M R C E
I Z E T M U S S K K A Y H L
S L N N Y Y V Z J T C N O Ę
T H E I D M Ś W U O E A L G
A B R G Z J D L B R U R O N
T A N C E R Z X I N T Z G I
G E O L O G G B L W A C V A
B A N K I E R R E L Y H I R
V T N K U H Y D R A U L I K
K A R T O G R A F X O J J A
A M B A S A D O R E X T V Z
```

TRENER	FARMACEUTA
AMBASADOR	GEOLOG
ARTYSTA	JUBILER
ASTRONOM	HYDRAULIK
PRAWNIK	PIELĘGNIARKA
TANCERZ	MARYNARZ
BANKIER	MUZYK
MYŚLIWY	PIANISTA
KARTOGRAF	PSYCHOLOG
REDAKTOR	

66 - Antartide

```
O C H R O N A P P G Q Z T G
D W I S Ł E I L Ó D R C E E
G S Y K M I G R A C J A M O
Z F O S K A L I S T Y K P G
Ś A I F P Ó Ł W Y S E P E R
R N B H R Y O V K M H O R A
O A G W I E L O R Y B Y A F
D U B Z A T O K A D Y M T I
O K X A L A D D C B H V U A
W O D A D D O J Ł H U O R C
I W Y P R A W A S D M P A E
S Y V F E S C B I R B U A O
K H S F I G E Z U L E F R Y
O K O N T Y N E N T N T K Y
```

WODA
ŚRODOWISKO
ZATOKA
WIELORYBY
OCHRONA
KONTYNENT
GEOGRAFIA
LODOWCE
LÓD

WYSPY
MIGRACJA
CHMURY
PÓŁWYSEP
BADACZ
SKALISTY
NAUKOWY
WYPRAWA
TEMPERATURA

67 - Libri

```
H E D P D A U T O R W K A I
I I G U O Ł H I C L Y P S S
S V S S A W N Ł A W N I I T
T S E T K L I Q A S A S V O
O Z R R O M I E X Q L E S T
R O I O N R Z Z Ś Q A M L N
I J A N T T Y H M Ć Z N I E
A A I A E P I C K I C Y T P
K O L E K C J A Z S Z B E O
N W R Z S I A W T N Y U R E
V C Z Y T E L N I K Y Y A Z
P R Z Y G O D A O G L Z C J
N A R R A T O R E B V M K A
T R A G I C Z N Y X Q L I S
```

AUTOR
PRZYGODA
KOLEKCJA
KONTEKST
DUALIZM
EPICKI
WYNALAZCZY
LITERACKI
CZYTELNIK
NARRATOR

STRONA
POEZJA
ISTOTNE
POWIEŚĆ
PISEMNY
SERIA
HISTORIA
HISTORYCZNY
TRAGICZNY

68 - Geografia

```
S W P G P P M H Q S L I Y Ś
D Y O Ó K O C A K I S I K W
S S Ł R O D R N P I Z W P I
B O U A N N L R Y A Q R Ó A
S K D W T I Z A C H Ó D Ł T
L O N P Y E Z F I M M E K W
R Ś I M N S O C E A N J U P
P Ć K Q E I P P Q O U P L O
R Ó G M N E M A S N V G A Ł
Z E Ł Z T N O A T L A S Ł U
E F L N N I R E G I O N L D
K R A J O E Z M I A S T O N
A W W C G C E S P C V L B I
T E R Y T O R I U M X X V E
```

WYSOKOŚĆ   POŁUDNIK
ATLAS   ŚWIAT
MIASTO   GÓRA
KONTYNENT   PÓŁNOC
PODNIESIENIE   OCEAN
PÓŁKULA   ZACHÓD
RZEKA   KRAJ
WYSPA   REGION
MAPA   POŁUDNIE
MORZE   TERYTORIUM

69 - Cibo #1

```
B C C E B U L A N T J U A C
I A I O Ł G W M D R Ę C N Z
T X Z A L P P A D U C U G O
Ł R N Y S C G R U S Z K A S
G H W Ł L T E C S K M I R N
P T V L E I O H A A I E U E
T H M I Ę T A E Ł W E R P K
S Z P I N A K W A K Ń G Y C
M I Ę S O N T K T A C S F E
Ł L H D Ł V D A K R Z E P A
S W E S O K X V A F U V G Q
Ó X W K C Y N A M O N D D Z
L Z O Ł O T U Ń C Z Y K T T
C Y T R Y N A V R H Y K W V
```

CZOSNEK
BAZYLIA
CYNAMON
MIĘSO
MARCHEWKA
CEBULA
TRUSKAWKA
SAŁATKA
MLEKO
CYTRYNA

MIĘTA
JĘCZMIEŃ
GRUSZKA
RZEPA
SÓL
SZPINAK
SOK
TUŃCZYK
CIASTO
CUKIER

70 - Aeroplani

```
P L B D I E Z P R O J E K T
L Ą N K T R H E J J Q S Ł Ł
J D L P I Z Q I J P U I Ł X
P O W I E T R Z E Ś P L Y D
D W Y S O K O Ś Ć N C N Q E
O A N P R Z Y G O D A I K B
F N I A B U D O W A Q K E Z
W I E S W A T M O S F E R A
F E B A P I L O T A P A X Ł
M W O Ż L N G O E X H J Ł O
Y R W E T K Ł O N O H T S G
C S X R C T J P W O D Ó R A
H I S T O R I A P A L I W O
K I E R U N E K Z O Ć H O Q
```

WYSOKOŚĆ	ZEJŚCIE
POWIETRZE	ZAŁOGA
ATMOSFERA	WODÓR
LĄDOWANIE	SILNIK
PRZYGODA	NAWIGOWAĆ
PALIWO	BALON
NIEBO	PASAŻER
BUDOWA	PILOT
PROJEKT	HISTORIA
KIERUNEK	

71 - Pirati

```
M O N E T Y E C Y I C R P Z
D H C F N E M E V D U I R Ł
B O B T F L A G A Y M U Z O
L Z L M I E C Z J P Z M Y T
I J H L H G W Y S P A A G O
Z Ł Y N H E J V K A Ł P O W
N K R H V N A K A P O A D K
A O Y K J D S K R U G W A A
Z M Z P Z A K O B G A Q C P
T P R H S E I T C A Z Y A I
X A D U O Y N W T E Q Y W T
G S I S M M I I K G A V A A
P L A Ż A X A C Z O F N U N
B D H F C M L A M N Q B K R
```

KOTWICA
PRZYGODA
FLAGA
KOMPAS
KAPITAN
ZŁY
BLIZNA
ZAŁOGA
JASKINIA
WYSPA

LEGENDA
MAPA
MONETY
OCEAN
ZŁOTO
PAPUGA
RUM
MIECZ
PLAŻA
SKARB

72 - Colori

```
C A P O I O Z V B W P D O Y
Z Y O K U M B I A Ł Y K U R
A B M E T F E B E Ż O W Y S
R R A F A I U C Z L T P S E
N Ą R Ó Ż O W Y S T O E I P
Y Z A N I L F C Y J A N Y I
L O Ń I N E Ż Z U I E Y Y A
U W C E D T Ó E N A M E W T
L Y Z B Y O Ł R G H F P V G
K K O I G W T W S L A Z U R
Ł E W E O Y Y O H Z Q I N J
P W Y S E S C N I Ł A S Y L
Y F U K S J A Y F I Y R U M
F P P I M A G E N T A X Y U
```

POMARAŃCZOWY
LAZUR
BEŻOWY
BIAŁY
NIEBIESKI
CYJAN
FUKSJA
ŻÓŁTY
SZARY

INDYGO
MAGENTA
BRĄZOWY
CZARNY
RÓŻOWY
CZERWONY
SEPIA
ZIELONY
FIOLETOWY

73 - Spiaggia

```
C H L Y M H K L Ż E E Ł B S
P Ł Y W A Ć R A A W Y S P A
A D P T K L A G G Y E X Ł N
R I D B D Q B U L B B C E D
A B L K Ł O C N Ó R I D J A
S V Y O C C K A W Z C L L Ł
O G A P D E L M K E G D R Y
L P L K E A R O A Ż F D T S
Z B I E W N T R Z E Ł Y S T
V R W A R Ę C Z N I K T Ł X
Ł Ó D Ź S F P E V Q S T O C
B O Q N I E B I E S K I Ń B
R A F A W A K J Ł R L F C E
W A K A C J E A L H Ł S E S
```

RĘCZNIK　　　　　　MORZE
ŁÓDŹ　　　　　　　PŁYWAĆ
ŻAGLÓWKA　　　　OCEAN
NIEBIESKI　　　　　PARASOL
WYBRZEŻE　　　　PIASEK
DOK　　　　　　　SANDAŁY
KRAB　　　　　　RAFA
WYSPA　　　　　SŁOŃCE
LAGUNA　　　　　WAKACJE

74 - Avventura

```
N A W I G A C J A T Z S D I
I U E W Y Z P P P R A Z Z G
E D Ł Y F B K O F U S A I X
B I Z Z L N D C D K N A P
E X R W F J N R W N A S Ł R
Z O K A Z J A Ó O O K A A Z
P I K N D I B Ż D Ś U V L Y
I L I I N O S E W Ć J P N J
E H X A X O Ś I A J Ą I O A
C J C U B A W Ć G H C Ę Ś C
Z N A T U R A Y A R Y K Ć I
N P R Z Y G O T O W A N I E
Y Q N I E Z W Y K Ł Y O S L
R L J Q W Y C I E C Z K A E
```

PRZYJACIELE
DZIAŁALNOŚĆ
PIĘKNO
SZANSA
ODWAGA
TRUDNOŚĆ
WYCIECZKA
RADOŚĆ
NIEZWYKŁY

NATURA
NAWIGACJA
NOWY
OKAZJA
NIEBEZPIECZNY
PRZYGOTOWANIE
WYZWANIA
ZASKAKUJĄCY
PODRÓŻE

75 - Forme

```
K  Ł  P  R  Y  Z  M  A  T  X  K  F  S  H
C  U  T  R  Ó  J  K  Ą  T  P  R  B  Z  I
N  K  L  K  O  Ł  O  C  Ł  Ł  A  B  E  P
P  I  R  A  M  I  D  A  X  P  W  O  Ś  E
M  S  C  Y  L  I  N  D  E  R  Ę  K  C  R
N  A  R  O  Ż  N  I  K  L  O  D  K  I  B
S  R  Ł  J  J  H  R  R  I  S  Z  W  A  O
M  T  V  X  H  Ł  P  Z  P  T  I  A  N  L
J  U  O  D  E  A  B  Y  S  O  E  D  V  A
S  W  H  Ż  Z  I  B  W  A  K  Ł  R  L  C
T  R  V  U  E  T  L  A  N  Ą  N  A  X  O
D  O  A  V  C  K  Ł  Y  Z  T  R  T  X  N
A  Z  P  V  F  O  W  A  L  I  N  I  A  X
W  I  E  L  O  K  Ą  T  U  I  U  Ł  T  K
```

NAROŻNIK	BOK
ŁUK	LINIA
KRAWĘDZIE	OWAL
KOŁO	PIRAMIDA
CYLINDER	WIELOKĄT
STOŻEK	PRYZMAT
SZEŚCIAN	KWADRAT
KRZYWA	PROSTOKĄT
ELIPSA	KULA
HIPERBOLA	TRÓJKĄT

76 - Oceano

```
E C S M Q X Y U M Ł Ó D Ź O
X M G Ł P Ł Y D X T G Ł B Ś
M R W I E L O R Y B Ą W U M
T E K R E W E T K A B Ę R I
U K D R A F A G O M K G Z O
Ń I S U A Z V O O K A O A R
C N P U Z B L O D B L R O N
Z P Q Z F A L E S Ó L Z Z I
Y D E L F I N I W T V F T C
K O R A L Z L P R H R Y B A
Y N I R K I I D K P Ł Y W Y
Q Ż Ó Ł W Y M P X L L G G P
L J N A J S Z F O S V D U A
F U R B C I G P A Ł P S A E
```

WĘGORZ	OSTRYGA
WIELORYB	RYBA
ŁÓDŹ	OŚMIORNICA
KORAL	SÓL
DELFIN	RAFA
KREWETKA	GĄBKA
KRAB	REKIN
PŁYWY	ŻÓŁW
MEDUZA	BURZA
FALE	TUŃCZYK

77 - Famiglia

```
Ż N Ł D C O J C O W S K I P
X O E Z Z I J I X S W N U K
V E N I Y C O C L Q Z B B C
W P T A K Ó Ł T I N B A R K
Y R T D B R A T K E U B A M
D Z I E C K O K U A C C T Ą
W O D K T A E R Z E W I A Ż
U D H A X G O H Y R D A N S
J E W D D Z Y W N R E M E I
E K Ł Z M A T K A D L B K O
K Z B I R J U K S U I K L S
D Z I E C I Ń S T W O P D T
D M A C I E R Z Y Ń S K I R
P H A I D E H U A S B O D A
```

PRZODEK
DZIECI
DZIECKO
KUZYN
CÓRKA
BRAT
DZIECIŃSTWO
MATKA
MĄŻ
MACIERZYŃSKI

ŻONA
BRATANEK
WNUK
BABCIA
DZIADEK
OJCIEC
OJCOWSKI
SIOSTRA
CIOTKA
WUJEK

78 - Veicoli

```
K S R A K I E T A X X O G S
A A C Ś M I G Ł O W I E C K
R M I I S B Ł S G Z L I P U
A O Ą P I Z U S A M O L O T
W C G P L V L L T L F W C E
A H N Ł N X H O A Ł N Ł I R
N Ó I N I F N V X N Ó J Ą T
A D K Y K D H I I T S D G R
Ł G C I Ę Ż A R Ó W K A Ź A
Ł Ó D Ź P O D W O D N A Q T
Q O K C M N P R O M T Q Q W
A U T O B U S O H L G K B A
L A M E T R O A N R O W E R
Ł W Z K J K K C L Y R Z W V
```

SAMOLOT   SILNIK
AMBULANS   OPONY
SAMOCHÓD   RAKIETA
AUTOBUS   SKUTER
ŁÓDŹ   ŁÓDŹ PODWODNA
ROWER   TAXI
CIĘŻARÓWKA   PROM
KARAWANA   CIĄGNIK
ŚMIGŁOWIEC   POCIĄG
METRO   TRATWA

79 - Emozioni

```
P G H N M O K O D M Z W T Z
O R N E X I E V M K I D X A
K T A I P B Ł H G M M Z S W
Ó U Q D E Q X O W T U I T A
J A U X O W E Z Ś W L Ę R R
N U D A D Ś L B W Ć G C A T
S M U T E K Ć R O Z A Z C O
W S P Ó Ł C Z U C I E N H Ś
B P V W C Z U Ł O Ś Ć Y Y Ć
R O Z K O S Z P H W S S K Y
H K E Z A K Ł O P O T A N Y
J Ó Ż Y C Z L I W O Ś Ć Q S
E J Z A D O W O L O N A A G
N I E S P O D Z I A N K A M
```

MIŁOŚĆ   STRACH
ROZKOSZ   GNIEW
ZAWARTOŚĆ   ULGA
ŻYCZLIWOŚĆ   WSPÓŁCZUCIE
RADOŚĆ   ZADOWOLONA
WDZIĘCZNY   NIESPODZIANKA
ZAKŁOPOTANY   CZUŁOŚĆ
NUDA   SPOKÓJ
POKÓJ   SMUTEK

80 - Natura

```
D X A S S X V L A S P T D S
Z X Y X P I Ę K N O S R Y C
I U L O D O W I E C Z O N H
K Y L J A Z K Z Q S C P A R
I E R O Z J A O Q Ł Z I M O
I S T O T N E Q J G O K I N
A R K T Y C Z N Y N Ł A C I
A Z T Z F H R N Z M Y L Z E
O E F T S M G Ł A R T N N N
I K G Ł M U R J F F N Y Y I
Z A J G Ó R Y E Ł G Q Y K E
L I Ś C I Y P U S T Y N I A
H K G H Z W I E R Z Ą T R C
I P B S A N K T U A R I U M
```

ZWIERZĄT
PSZCZOŁY
ARKTYCZNY
PIĘKNO
PUSTYNIA
DYNAMICZNY
EROZJA
RZEKA
LIŚCI
LAS

LODOWIEC
GÓRY
MGŁA
CHMURY
SCHRONIENIE
SANKTUARIUM
DZIKI
SPOKOJNY
TROPIKALNY
ISTOTNE

81 - Balletto

```
I N T E N S Y W N O Ś Ć J M
Ć M U Z Y K A O B A W C V I
T W M T W N J R A N W G N Ę
A W I E C Z Z K L P Y S V Ś
N D E C I I E I E O R Z P N
C Z J H Z Q C E R F A Ó F I
E I Ę N P Y F S I H Z W B E
R Ę T I V Ł Ć T N A I C O A
Z C N K E P D R A S S L K R
E Z O A H C V A G Y T M L Y
X N Ś D P P Z Z E X Y G A T
V Y Ć H Ł P N A S T Y L S M
W K O M P O Z Y T O R Ł K L
C H O R E O G R A F I A I M
```

UMIEJĘTNOŚĆ   INTENSYWNOŚĆ
OKLASKI   MIĘŚNIE
BALERINA   MUZYKA
TANCERZE   ORKIESTRA
KOMPOZYTOR   ĆWICZYĆ
CHOREOGRAFIA   PRÓBA
WYRAZISTY   RYTM
GEST   STYL
WDZIĘCZNY   TECHNIKA

82 - Castelli

```
W K S I Ę Ż N I C Z K A R W
T I Y F F E U D A L N Y Y H
K S E O Ł U S Y V C O N C S
O L A Ż V Z M N J A S N E Y
R T T S A D O A D N X Y R R
O O W A O H K S I Ą Ż Ę Z J
N F U I R H Ł T S M I E C Z
A P E Z E C N I Ś C I A N A
X A B Ł B R Z A S K Z Ł O F
P Ł U O P Q D A A K O Ń F U
K A E G N Y N Z B R O J A C
E C U G K F C C A I E O V M
K A T A P U L T A O P Q J C
N P K R Ó L E S T W O J D S
```

ZBROJA
KATAPULTA
RYCERZ
KOŃ
KORONA
DYNASTIA
SMOK
FEUDALNY
TWIERDZA

PAŁAC
ŚCIANA
KSIĄŻĘ
KSIĘŻNICZKA
KRÓLESTWO
TARCZA
MIECZ
WIEŻA

83 - Campionato

```
W V H M Z N M D A B P U U Z
Y Y S L I E I T L V F E L W
D R T C E S S J Ł H S P F Y
A N R R V X T P O T Y Ł Y C
J M A F Z Z R R Ó T Y P V I
N E T I B Y Z T Z Ł T Ł M Ę
O D E N N T M I I O V Y O S
Ś A G A T U K A N S S H T T
Ć L I L R R E O Ł P M T Y W
A V A I E N P N Ł O N F W O
Ł Q B S N I C L I R Ś T A O
R S S T E E O I M T M Ć C C
X J L A R J W G R Y Z B J T
S Ę D Z I A B A C V Ł T A P
```

TRENER
MISTRZOSTWO
MISTRZ
FINALISTA
GRY
SĘDZIA
LIGA
MEDAL
MOTYWACJA

WYDAJNOŚĆ
WYTRZYMAŁOŚĆ
SPORTY
ZESPÓŁ
STRATEGIA
POT
TURNIEJ
ZWYCIĘSTWO

84 - Foresta Pluviale

```
S G Y U N C H C C L B P B S
T C A V F P S H E T O R R Z
R H H T I J I M N F T Z Ó A
K P Y R U R I U N U A E Ż C
O M S R O N F R Y D N T N U
Q W S A U N E Y Ł M I R O N
P T A K I L I K P E C W R E
M P K D O U O E B C Z A O K
J S I Ł Y H C K N H N N D N
K L I M A T F A Ł I Y I N A
D Ż U N G L A Q C K E E O T
S P O Ł E C Z N O Ś Ć F Ś U
P Ł A Z Y T D L A U M Y Ć R
Q S K O N S E R W A C J A A
```

PŁAZY   NATURA
BOTANICZNY   CHMURY
KLIMAT   KONSERWACJA
SPOŁECZNOŚĆ   CENNY
RÓŻNORODNOŚĆ   SCHRONIENIE
DŻUNGLA   SZACUNEK
OWADY   PRZETRWANIE
SSAKI   GATUNEK
MECH   PTAKI

85 - Edifici

```
S T A D I O N A F V M K S F
H O S T E L X P A N U I U T
B X B W I E Ż A B A Z N P Y
F Z T C Y D A R R M E O E H
P F O P Ł P H T Y I U B R O
O Ł Q P H V F A K O M Ł M T
S T O D O Ł A M A T T G A E
S K Ł W N D Z E K I E U R L
S Z P J H H A N A N A K K H
J Z P T G D M T B T T R E V
W D K I L A E Y I P R F T R
Q B D O T Q K A N Ł C E J M
U C D K Ł A M B A S A D A T
V G X M D A L H E X L W C Y
```

AMBASADA	SZPITAL
APARTAMENT	HOSTEL
KABINA	SZKOŁA
ZAMEK	STADION
KINO	SUPERMARKET
FABRYKA	TEATR
STODOŁA	NAMIOT
HOTEL	WIEŻA
MUZEUM	

86 - Paesi #2

```
J  Ł  A  U  G  A  N  D  A  G  M  U  T  Y
A  N  J  M  R  D  J  U  S  D  J  K  W  N
M  I  W  U  E  T  I  O  P  I  A  R  I  U
A  Y  B  W  C  K  Y  E  C  H  N  A  X  Q
J  P  A  G  J  E  S  U  D  A  N  I  O  K
K  I  W  V  A  B  S  Y  R  I  A  N  J  I
A  N  I  G  E  R  I  A  K  T  P  A  A  R
R  D  Y  A  W  O  O  L  E  I  T  L  P  L
S  O  A  Ł  D  S  N  B  A  A  X  I  O  A
J  N  Z  N  K  J  E  A  G  O  M  B  N  N
F  E  Y  O  I  A  P  N  L  D  S  E  I  D
Q  Z  I  P  T  A  A  I  I  Y  S  R  A  I
K  J  T  A  X  K  L  A  R  Z  R  I  I  A
P  A  K  I  S  T  A  N  E  K  B  A  Q  Z
```

ALBANIA	LIBERIA
DANIA	MEKSYK
ETIOPIA	NEPAL
JAMAJKA	NIGERIA
JAPONIA	PAKISTAN
GRECJA	ROSJA
HAITI	SYRIA
INDONEZJA	SUDAN
IRLANDIA	UKRAINA
LAOS	UGANDA

87 - Tipi di Capelli

```
M W A R K O C Z E Q B W F Y
I S K E L M Q Y P G R U B Y
Ę S C Z D R O W Y Q Ą S C P
K B I A Ł Y S O W S Z G S L
K L E K U Q Z U Y A O Y A S
I O N O G E A H C J W Q J Q
V N K L I G R Z A H Y D X P
R D I O E Ł Y S Y O Y V D L
Y A G R C A C K R Ę C O N E
L C I O Z D M D A E T K G C
L Q D W A K G T N T B Z I I
F O C E R I B D T G O R N O
Y Z K L N T Ł L R W Ł Q O N
I N P I Y F H K R Ó T K I Y
```

SREBRO	DŁUGIE
SUCHY	BRĄZOWY
BIAŁY	MIĘKKI
BLOND	CZARNY
KRÓTKI	KRĘCONE
ŁYSY	LOKI
KOLOROWE	ZDROWY
SZARY	CIENKI
PLECIONY	GRUBY
GŁADKI	WARKOCZE

88 - Vestiti

```
B R A N S O L E T K A R R R
M L K S B W M T G F M Y N Ę
W B W K D U E S S Z A L I K
H B L U Z A T T K R F S T A
M T S M D F K N E Ł I A P W
O E P I Ż A M A J R W N Ł I
D K Ó Q I R P A S Q G D A C
A O D S N T K U R T K A S Z
N S N P S U W V Ł B D Ł Z K
A Z I O Y C V W Y W S Y C I
Ł U C D E H C Y D G E D Z B
H L A N A S Z Y J N I K S Q
O A A I S U K I E N K A P E
K A P E L U S Z C R Z E U N
```

SUKIENKA	FARTUCH
BRANSOLETKA	RĘKAWICZKI
BLUZA	DŻINSY
KOSZULA	SWETER
KAPELUSZ	MODA
PŁASZCZ	SPODNIE
PAS	PIŻAMA
NASZYJNIK	SANDAŁY
KURTKA	BUT
SPÓDNICA	SZALIK

89 - Attività e Tempo Libero

```
S Z T U K A W O K J N T A F
T A B M A D Ę G E D Y Ł U K
G K O J S A D R M S H Y P M
P U K S I G K O P G O L F A
Ł P S W A N A D I T B B P L
Y Y X Ę T U R N N N B A O A
W V U D K R S I G X Y S D R
A S Z R Ó K T C H T Ł E R S
N U Ł Ó W O W T Ł E W B Ó T
I R J W K W O W S N Y A Ż W
E F F K A A G O G I U L F O
U I H I V N P N R S H L B R
B N A R P I Ł K A N O Ż N A
G G M T W E J F J P I N F R
```

SZTUKA
BASEBALL
BOKS
PIŁKA NOŻNA
KEMPING
WĘDRÓWKI
OGRODNICTWO
GOLF
HOBBY

NURKOWANIE
PŁYWANIE
SIATKÓWKA
WĘDKARSTWO
MALARSTWO
ZAKUPY
SURFING
TENIS
PODRÓŻ

90 - Arte

```
S W I Z U A L N Y O S N P K
Y T Y M C V P U L B U A R O
M E W R Y V V N Q R R S O M
B M K Ó A M O F Ł A R T S P
O A N I R Ż I S E Z E R T O
L T Q X S Z E B O Y A Ó Y Z
U C Z C I W Y N R B L J C Y
P G Q G S Y T U I V I M I C
O R Y G I N A Ł O E Z S Ł J
E K O M P L E K S L M T T A
Z P R Z E D S T A W I A Ć Y
J Z A I N S P I R O W A N Y
A C E R A M I C Z N Y T Ł N
R Z E Ź B A C E J O E U T D
```

CERAMICZNY
KOMPLEKS
KOMPOZYCJA
STWÓRZ
OBRAZY
WYRAŻENIE
ZAINSPIROWANY
UCZCIWY
ORYGINAŁ
OSOBISTY

POEZJA
PRZEDSTAWIAĆ
RZEŹBA
PROSTY
SYMBOL
TEMAT
SURREALIZM
NASTRÓJ
WIZUALNY

91 - Meteo

```
P N Q T O R N A D O K Q H T
O I E Y E X P I O R U N G R
L Y K L I M A T E I P O R O
A A C F O H P R C B R R H P
R Ł Z U D H T E Q U O K B I
N N Z Z K J H C R P V V R K
Y G R S U S Z A H A B U Y A
L R H U R A G A N M T B Z L
T Z K C L Ó D W E O U U A N
Ę M L H T P U I C N E R R Y
C O U Y M G Ł A M S H Z A A
Z T A T Z S Y T Ł U J A U K
A T M O S F E R A N A D G I
Ł V C E S R V H Z X B M H Ł
```

TĘCZA
SUCHY
ATMOSFERA
BRYZA
NIEBO
KLIMAT
PIORUN
LÓD
MONSUN
MGŁA

CHMURA
POLARNY
SUSZA
TEMPERATURA
BURZA
TORNADO
TROPIKALNY
GRZMOT
HURAGAN
WIATR

92 - Corpo Umano

```
N D C R U Q Q J K K N W Q K
F E T W A R Z G O X G Q R R
K K D N R F Y Ł L R N O G A
U O R L Z Ę Q O A M Ó Z G Ł
J S K Ó R A K W N B D Y A O
P T E N O S F A O U S T A K
O K N R O K O K K R Z Y Y I
D A B A C S X E J Ż Y N G E
B B S M J E H D L O J U Y Ć
R P F I L A E W O Ł A E H L
Ó K A Ę A L A N T Ą U C H O
D N D L T K R N B D L Q K U
E K K D E X V K R E W C E A
K M I L L C D P M K H U Z U
```

USTA   RĘKA
KOSTKA   PODBRÓDEK
MÓZG   NOS
SZYJA   OKO
SERCE   UCHO
PALEC   SKÓRA
TWARZ   KREW
NOGA   RAMIĘ
KOLANO   ŻOŁĄDEK
ŁOKIEĆ   GŁOWA

93 - Mammiferi

```
G Z U C S I R Y D Y U Ł Z A
P S D K O Ń Ł P B M A Ł P A
K Ł R E O W C E Ż Y R A F A
B O R Ł A J K V Ł C K F W I
V Ń T N J E O O M B R L O N
Q R P I E S M T B R Ó J U M
C W I E L O R Y B B L H N F
G R A D E L F I N Q I Q W L
T Q D Ź Ń F M T H H K H B G
Y F J W L K A N G U R T F O
E F W I O W I L K L I S R R
S Y Z E B R A H Z M N C F Y
A G F D R I T V R R E X Z L
X S U Ź L E W Z X M W F B H
```

WIELORYB	ŻYRAFA
PIES	GORYL
KANGUR	LEW
KOŃ	WILK
JELEŃ	NIEDŹWIEDŹ
KRÓLIK	OWCE
KOJOT	MAŁPA
DELFIN	BYK
SŁOŃ	LIS
KOT	ZEBRA

94 - Arrampicata

```
K P R Z E W O D N I K I J E
S A Q X W Y S O K O Ś Ć A K
B G S K Y T Z Z R G S O S S
M Ł Q K Z E K W R U S H K P
A A B G W R O Ę T Ł S I E
T E P Z A E L D K W O X N R
M D R A N N E R A F Ą C I T
O U U G I A N Ó W W T S A U
S I Ł A A P I W I C J N K O
F U M Ł L B E K C Z A Y G A
E V M B N U F I Z Y C Z N Y
R K B N F T W H K P U L Z B
A F H Z N Y A F I M N S E Q
S T A B I L N O Ś Ć F X Q I
```

WYSOKOŚĆ   RĘKAWICZKI
ATMOSFERA   PRZEWODNIKI
KASK   MAPA
WĘDRÓWKI   WYZWANIA
EKSPERT   STABILNOŚĆ
FIZYCZNY   BUTY
SZKOLENIE   WĄSKA
SIŁA   TEREN
JASKINIA

95 - Animali Domestici

```
P K O Z A W A W F I U D Ł I
P A P U G A C R P S W P X V
Z R Z A L S P L T F S R R D
Ż Z T U J A S Z C Z U R K A
K Ó U G R Ż Z S K K R Y B A
R P Ł A P Y C M O O M Y S Z
O A I W L W Z Y T Ł C Q K B
W M R E X N E C E N H X R V
A W Ł Ł S O N Z K I O W Ó E
X O G O N Ś I Q O E M D L H
A D A D P Ć A Z T R I Y I P
L A N Ł C T K Z G Z K Q K Y
I R L Z N Y D Ł O S N Z X C
T T R N Q C U D Z R C R A E
```

WODA
PAZURY
PIES
KOZA
ŻYWNOŚĆ
OGON
KOŁNIERZ
KRÓLIK
CHOMIK
SZCZENIAK

KOTEK
KOT
SMYCZ
JASZCZURKA
KROWA
PAPUGA
RYBA
ŻÓŁW
MYSZ
ŁAPY

96 - Cucina

```
F Z W I D E L C E K G D Ż P
S A P C D Y D Z D U L Ł Y I
Ł M R I I Z R A Z B O H W E
O R Z T W J Ł J B K D Y N K
I A E G U M J N A I Ó C O A
K Ż P W R C D I N V W H Ś R
J A I L L I H K E Ł K O Ć N
Ł R S V H M L M K Y A C L I
G K G Y L R L L S Ż T H D K
P A Ł E C Z K I M K A L D N
P R Z Y P R A W Y I P A K O
H L X J Y P O Z G O S D J Ż
T H O J Y L U B G Ą B K A E
Q S I A G S E R W E T K A K
```

PAŁECZKI
CZAJNIK
DZBANEK
ŻYWNOŚĆ
MISKA
NOŻE
ZAMRAŻARKA
ŁYŻKI
WIDELCE
PIEKARNIK

LODÓWKA
FARTUCH
GRILL
CHOCHLA
PRZEPIS
PRZYPRAWY
GĄBKA
KUBKI
SERWETKA
SŁOIK

97 - Vacanze #2

```
L W C V T H F K A Ł E W R P
T Y T K Ł A B U G E R Y E A
Y S I Z X T X N M N Z P S S
W P O D R Ó Ż I O C G O T Z
L A Y J X P U I R Ł G C A P
O Ł Z Ę P H J G Z V T Z U O
T W B C F O Ł E E F W Y R R
N A M I O T P L A Ż A N A T
I K L A K E M P I N G E C G
S A W N P L A O M E Ó K J S
K C O U B A Ł C F W R C A P
O J W I Z A L I F N Y V N S
P E Q Y L A K Ą Q M Z B F F
O L O Ł W Y F G J Q K B B W
```

LOTNISKO
KEMPING
ZDJĘCIA
HOTEL
WYSPA
MAPA
MORZE
GÓRY
PASZPORT

RESTAURACJA
PLAŻA
TAXI
WYPOCZYNEK
NAMIOT
POCIĄG
WAKACJE
PODRÓŻ
WIZA

98 - Attività

```
P U C Z Y T A N I E T Ł O G
W O M A G I A W W K P R G H
Ę F L I A Y F L Q X R Z R E
D K V O E R S Z Y C I E O M
R P Z D W J C R N W W M D O
Ó G A J F A Ę K E M P I N G
W G G K R I N T N B G O I R
K T A N I E C I N K M S C Y
I Z D J J X L O E O V Ł T N
V N K E O J A W D Ś A W L
Ł V I A M Y H R K M Ó Ć O F
S Z T U K A E J H S B H Q V
T C C S W Ę D K A R S T W O
F O T O G R A F I A I N R D
```

UMIEJĘTNOŚĆ	FOTOGRAFIA
SZTUKA	OGRODNICTWO
RZEMIOSŁA	GRY
POLOWANIE	CZYTANIE
KEMPING	MAGIA
SZYCIE	WĘDKARSTWO
TANIEC	ZAGADKI
WĘDRÓWKI	RELAKS

99 - Forniture Artistiche

```
K T M K W G P O M Y S Ł Y T
R O E F Q L A S C K L E J Q
Z W O D A I S Z T A L U G A
E J G P S N T H O Ó L D Z H
S X W P B A E Q L Ł Ł V R I
Ł H P Ę D Z L E E K Ó V X W
O O C W F H E Y J O A W S T
A K W A R E L E G L K P K I
A T R A M E N T L O R A Q I
M N K E H V G I S R Y P Q D
X V X S U W U N Y L I Z Q
S O T V H U V C M P P E K J
P C K W W Ł K F Q K E R B O
S W J L K A M E R A A X X F
```

WODA
AKWARELE
AKRYL
GLINA
PAPIER
SZTALUGA
KLEJ
KOLORY
GUMKA

POMYSŁY
ATRAMENT
OŁÓWKI
OLEJ
PASTELE
KRZESŁO
PĘDZLE
STÓŁ
KAMERA

100 - Misurazioni

```
M L S L D L Ł U N C J A D T
C A L O K I L O G R A M Z O
W G S W B T Z U R U O T I N
A G P A Y R M K A K Y A E A
G M F T L S R I M I U O S S
A C N K I L O M E T R D I T
B A J T T Y F K Ł Z S Ł Ę O
Z D T L G Q M D O X C U T P
M I N U T A Z E K Ś O G N I
Y C E N T Y M E T R Ć O Y E
G Ł Ę B O K O Ś Ć R C Ś C Ń
W C U S Z E R O K O Ś Ć E X
D G Z L O B J Ę T O Ś Ć B P
S C Ł T H O E F O O Z Q Q X
```

WYSOKOŚĆ	DŁUGOŚĆ
BAJT	MASA
CENTYMETR	METR
KILOGRAM	MINUTA
KILOMETR	UNCJA
DZIESIĘTNY	WAGA
STOPIEŃ	CAL
GRAM	GŁĘBOKOŚĆ
SZEROKOŚĆ	TONA
LITR	OBJĘTOŚĆ

1 - Scacchi

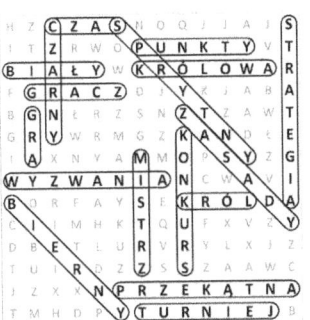

2 - Aggettivi #2

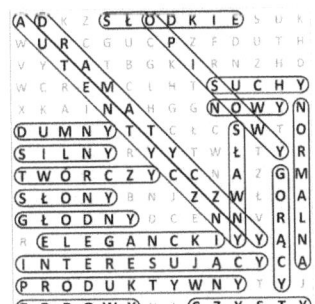

3 - Mobili

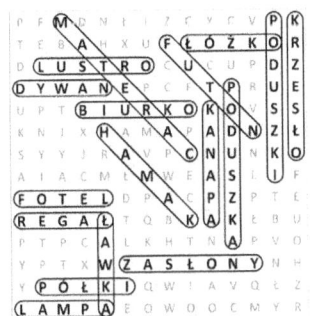

4 - Pesca

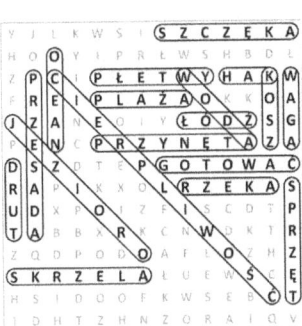

5 - Aggettivi #1

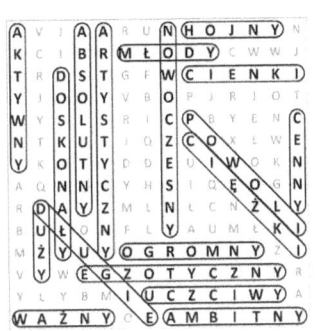

6 - Geologia

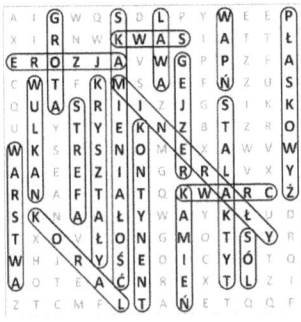

7 - Campeggio

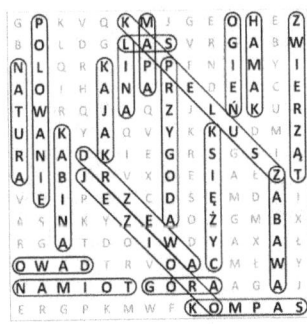

8 - Arti Visive

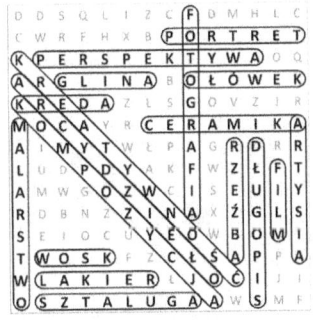

9 - Esplorazione

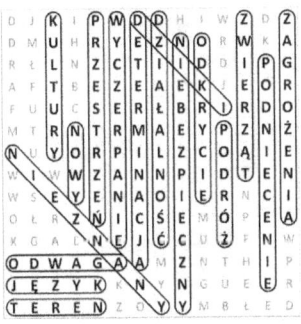

10 - Tempo

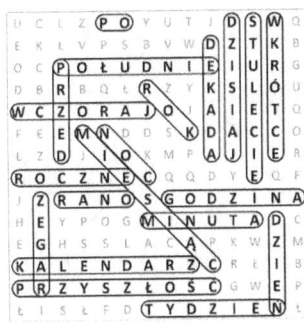

11 - Astronomia

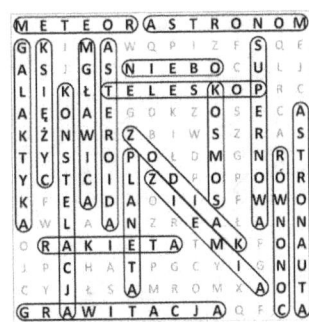

12 - Circo

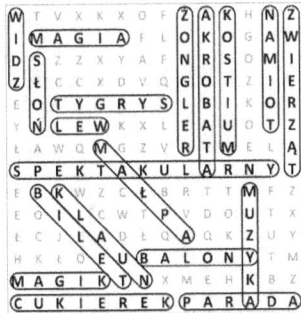

13 - Mitologia

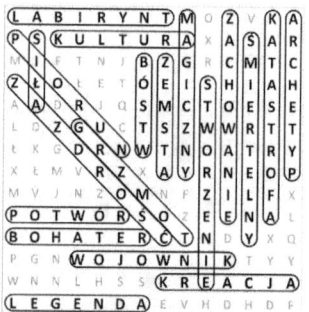

14 - Piante

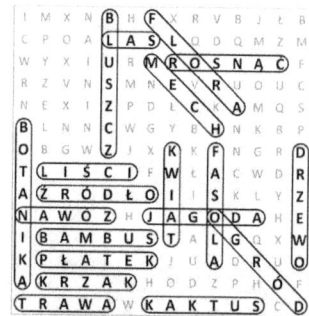

15 - Spezie

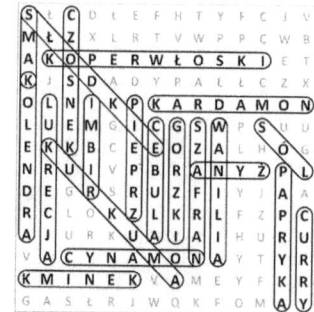

16 - Numeri

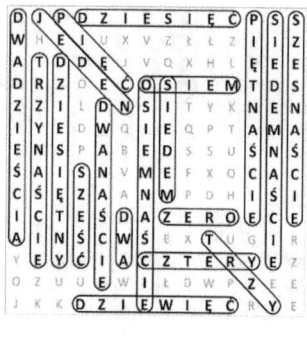

17 - Cioccolato

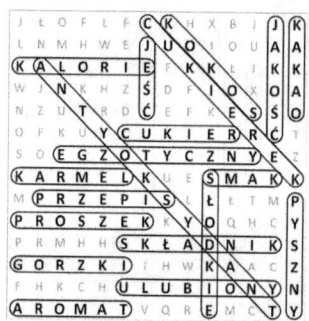

18 - Guida

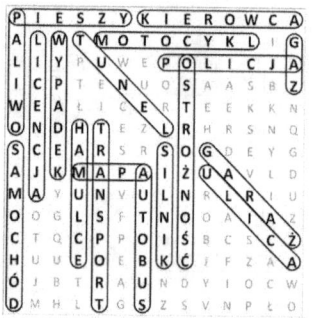

19 - Sport

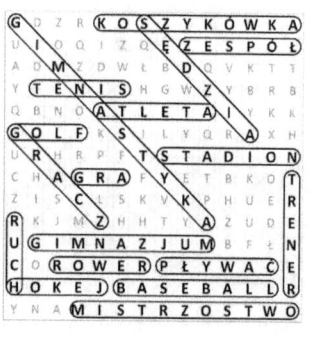

20 - Giocattoli

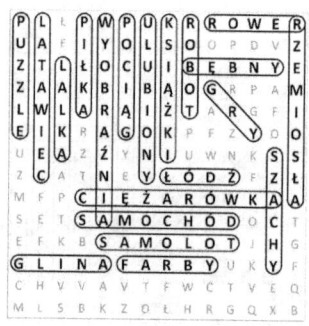

21 - Strumenti di Cottura

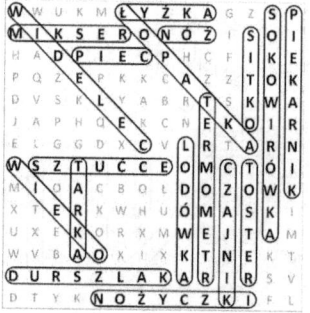

22 - Uccelli

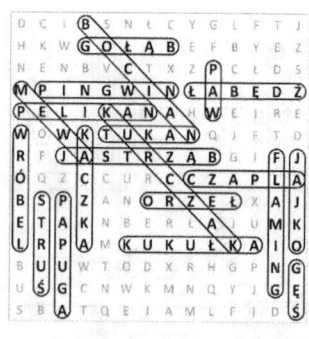

23 - Giorni e Mesi

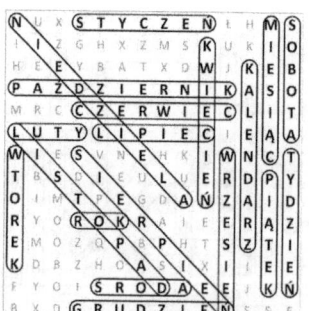

24 - Casa

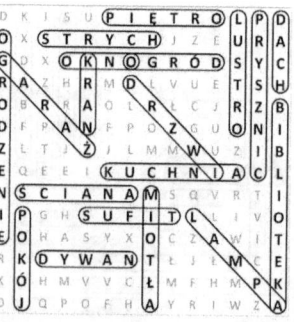

25 - Ristorante #1

26 - Fantascienza

27 - Città

28 - Virtù #1

29 - Compleanno

30 - Fattoria #1

31 - Paesaggi

32 - Ristorante #2

33 - Giardino

34 - Frutta

35 - Fattoria #2

36 - Dinosauri

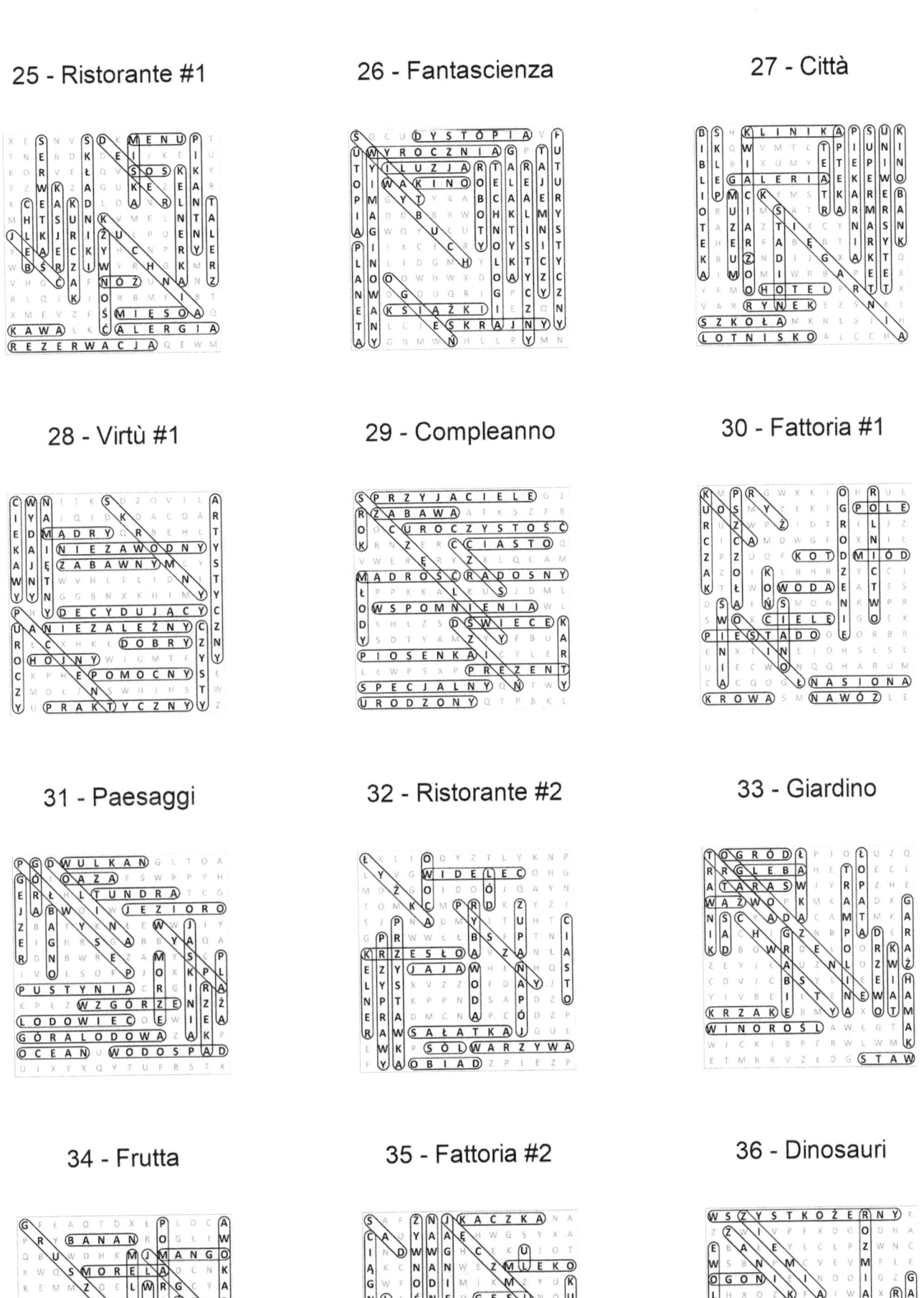

37 - Verdure

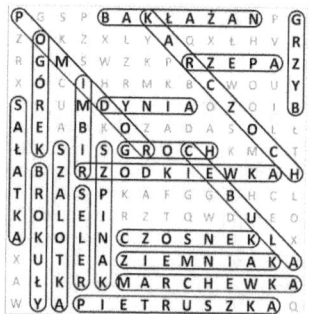

38 - Scuola #2

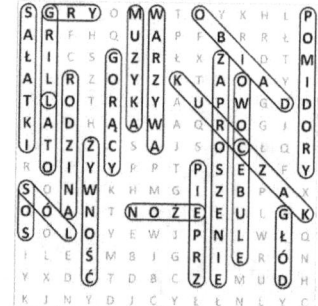

39 - Barbecue

40 - Riempire

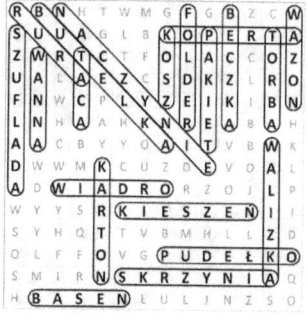

41 - Insetti

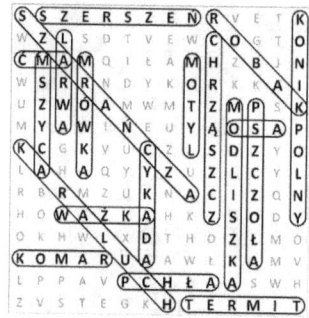

42 - Erboristeria

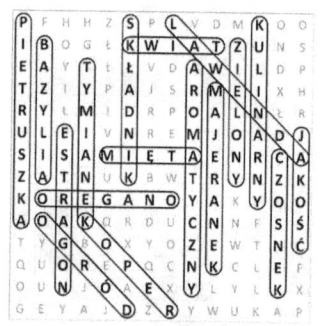

43 - Danza

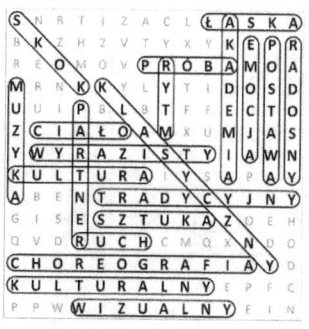

44 - Commedia

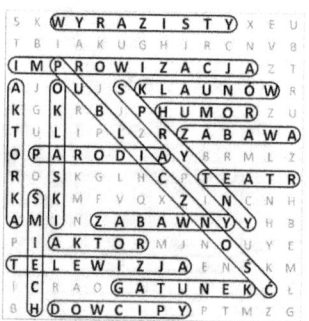

45 - Scuola #1

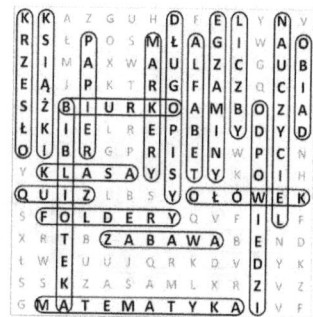

46 - Fiori

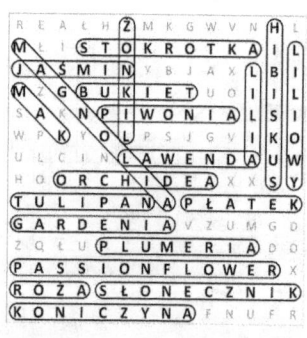

47 - Ecologia

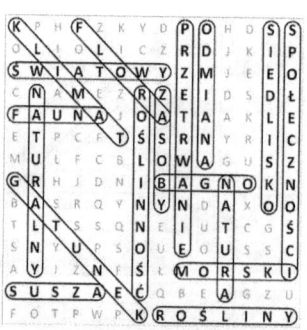

48 - Discipline Scientifiche

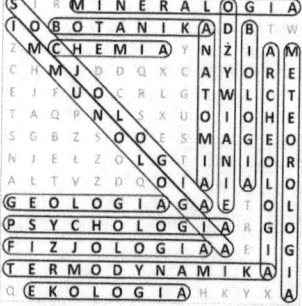

49 - Scienza

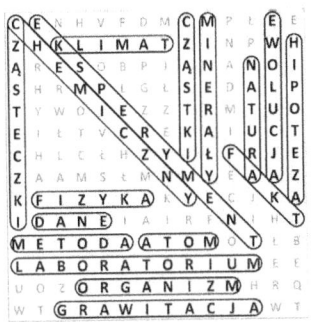

50 - Acqua

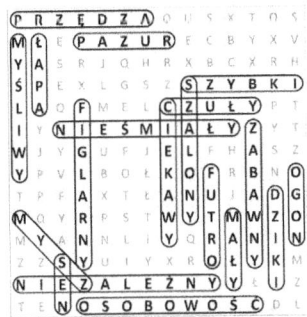

51 - Gatti

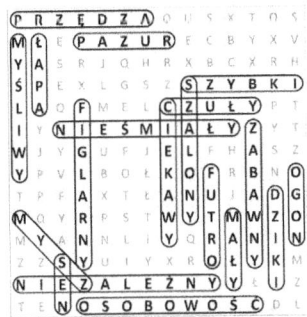

52 - Surf

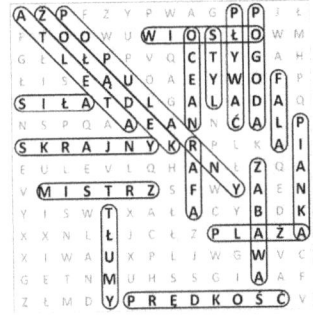

53 - Imbarcazioni

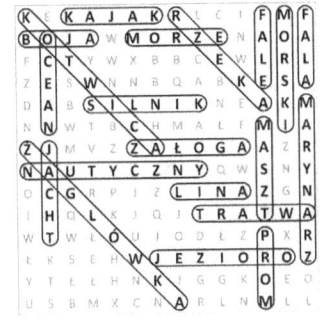

54 - Api

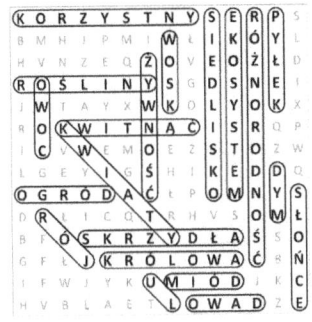

55 - Conservazione

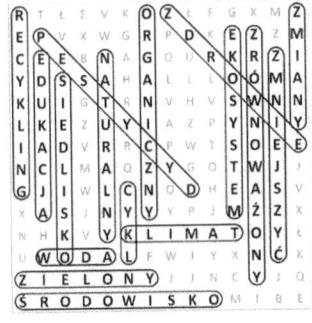

56 - Strumenti Musicali

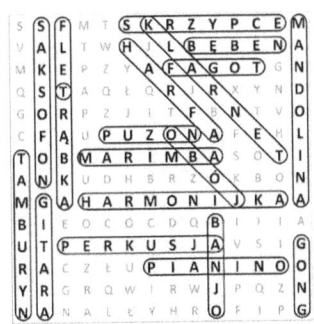

57 - Professioni #2

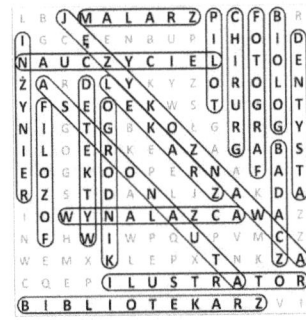

58 - Letteratura

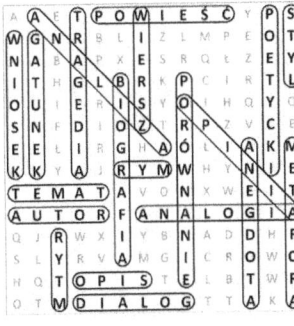

59 - Cibo #2

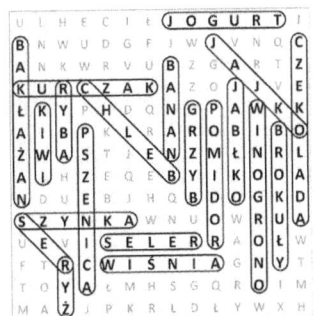

60 - Nutrizione

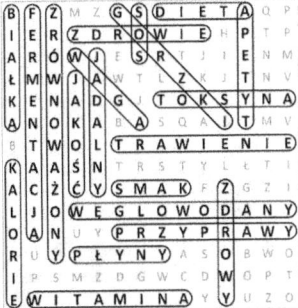

61 - Matematica

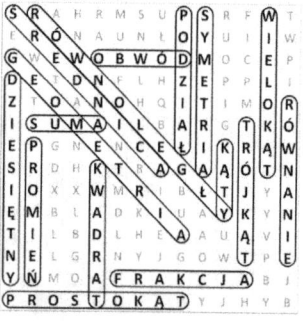

62 - Meditazione

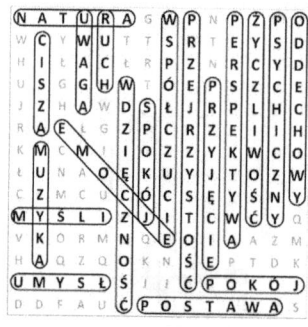

63 - Estate

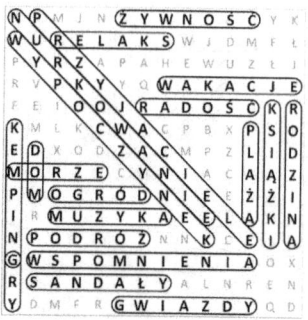

64 - Escursionismo

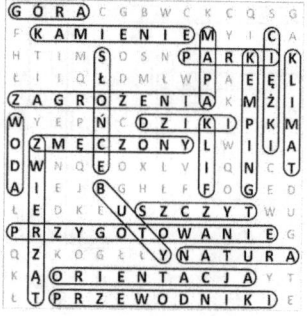

65 - Professioni #1

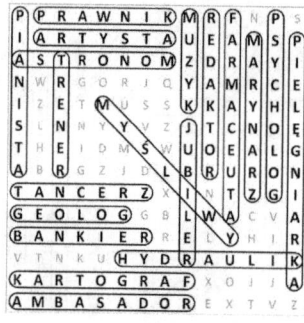

66 - Antartide

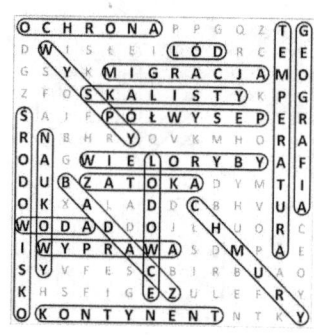

67 - Libri

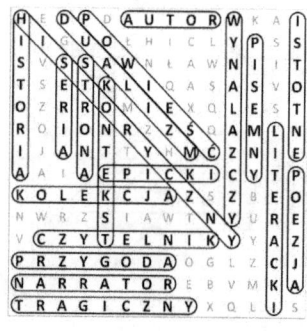

68 - Geografia

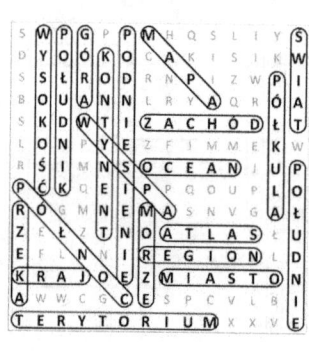

69 - Cibo #1

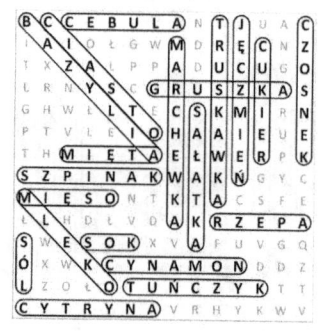

70 - Aeroplani

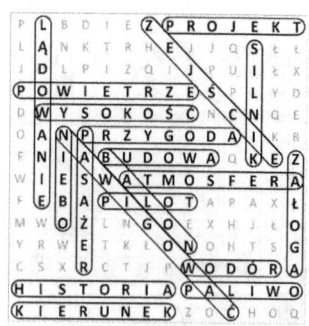

71 - Pirati

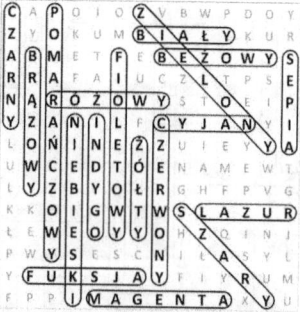

72 - Colori

73 - Spiaggia

74 - Avventura

75 - Forme

76 - Oceano

77 - Famiglia

78 - Veicoli

79 - Emozioni

80 - Natura

81 - Balletto

82 - Castelli

83 - Campionato

84 - Foresta Pluviale

85 - Edifici

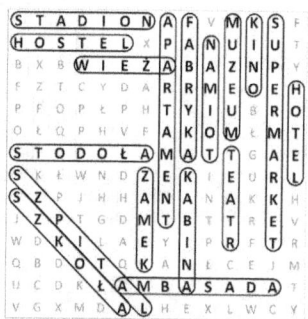

86 - Paesi #2

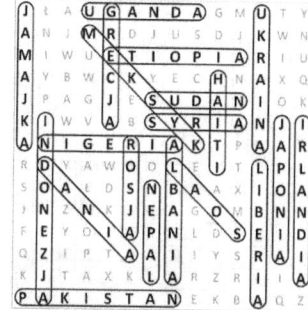

87 - Tipi di Capelli

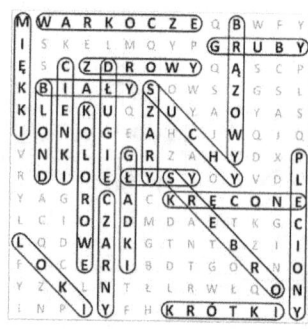

88 - Vestiti

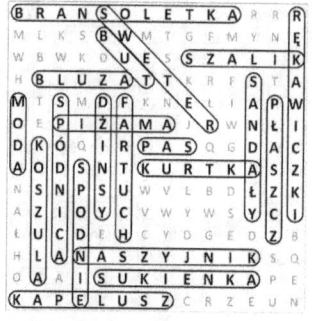

89 - Attività e Tempo Libero

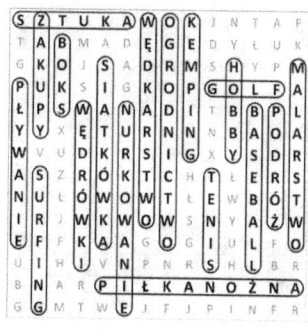

90 - Arte

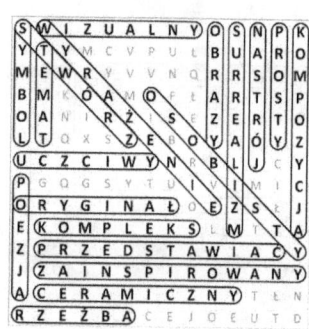

91 - Meteo

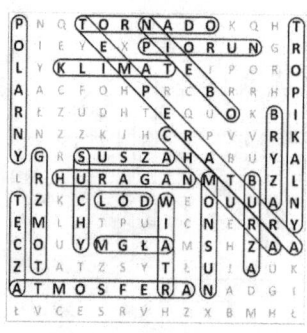

92 - Corpo Umano

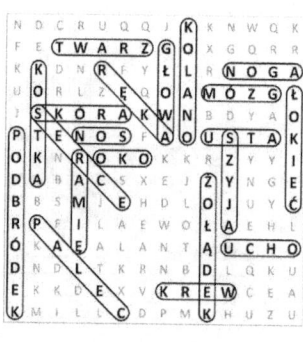

93 - Mammiferi

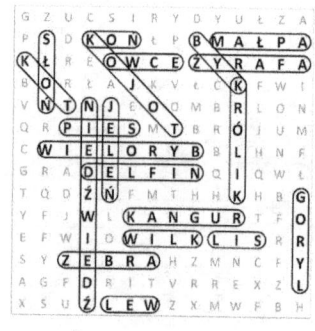

94 - Arrampicata

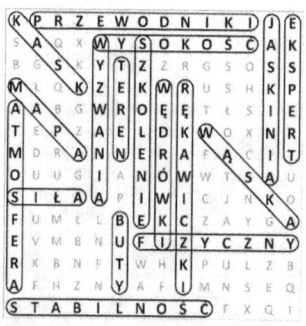

95 - Animali Domestici

96 - Cucina

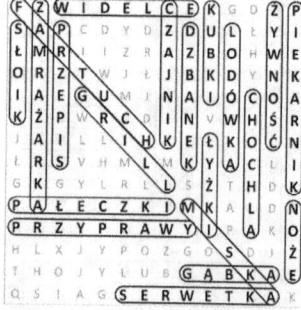

97 - Vacanze #2

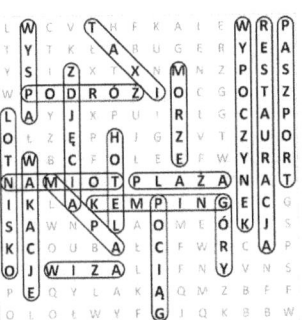

98 - Attività

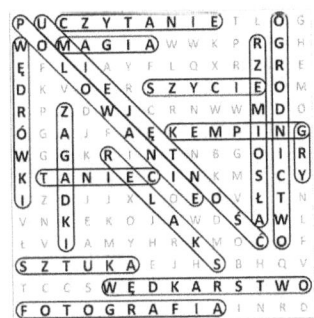

99 - Forniture Artistiche

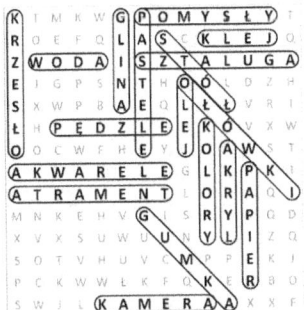

100 - Misurazioni

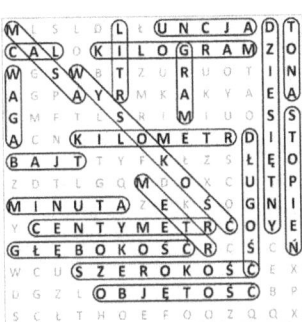

Dizionario

Acqua
Woda

Alluvione	Powódź
Canale	Kanał
Doccia	Prysznic
Evaporazione	Parowanie
Fiume	Rzeka
Flusso	Strumień
Gelo	Mróz
Geyser	Gejzer
Ghiaccio	Lód
Irrigazione	Nawadnianie
Lago	Jezioro
Monsone	Monsun
Neve	Śnieg
Oceano	Ocean
Onde	Fale
Pioggia	Deszcz
Umidità	Wilgoć
Umido	Wilgotny
Uragano	Huragan
Vapore	Parowy

Aeroplani
Samoloty

Altezza	Wysokość
Aria	Powietrze
Atmosfera	Atmosfera
Atterraggio	Lądowanie
Avventura	Przygoda
Carburante	Paliwo
Cielo	Niebo
Costruzione	Budowa
Design	Projekt
Direzione	Kierunek
Discesa	Zejście
Equipaggio	Załoga
Idrogeno	Wodór
Motore	Silnik
Navigare	Nawigować
Palloncino	Balon
Passeggero	Pasażer
Pilota	Pilot
Storia	Historia
Turbolenza	Turbulencja

Aggettivi #1
Przymiotniki # 1

Ambizioso	Ambitny
Aromatico	Aromatyczny
Artistico	Artystyczny
Assoluto	Absolutny
Attivo	Aktywny
Enorme	Ogromny
Esotico	Egzotyczny
Generoso	Hojny
Giovane	Młody
Grande	Duży
Identico	Identyczny
Importante	Ważny
Lento	Powoli
Lungo	Długie
Moderno	Nowoczesny
Onesto	Uczciwy
Perfetto	Doskonały
Pesante	Ciężki
Prezioso	Cenny
Sottile	Cienki

Aggettivi #2
Przymiotniki # 2

Affamato	Głodny
Asciutto	Suchy
Autentico	Autentyczny
Caldo	Gorący
Creativo	Twórczy
Descrittivo	Opisowy
Dolce	Słodkie
Drammatico	Dramatyczny
Elegante	Elegancki
Famoso	Sławny
Forte	Silny
Interessante	Interesujący
Naturale	Naturalny
Normale	Normalna
Nuovo	Nowy
Orgoglioso	Dumny
Produttivo	Produktywny
Puro	Czysty
Salato	Słony
Sano	Zdrowy

Animali Domestici
Zwierzęta Domowe

Acqua	Woda
Artigli	Pazury
Cane	Pies
Capra	Koza
Cibo	Żywność
Coda	Ogon
Collare	Kołnierz
Coniglio	Królik
Criceto	Chomik
Cucciolo	Szczeniak
Gattino	Kotek
Gatto	Kot
Guinzaglio	Smycz
Lucertola	Jaszczurka
Mucca	Krowa
Pappagallo	Papuga
Pesce	Ryba
Tartaruga	Żółw
Topo	Mysz
Zampe	Łapy

Antartide
Antarktyda

Acqua	Woda
Ambiente	Środowisko
Baia	Zatoka
Balene	Wieloryby
Conservazione	Ochrona
Continente	Kontynent
Geografia	Geografia
Ghiacciai	Lodowce
Ghiaccio	Lód
Isole	Wyspy
Migrazione	Migracja
Minerali	Minerały
Nuvole	Chmury
Penisola	Półwysep
Ricercatore	Badacz
Roccioso	Skalisty
Scientifico	Naukowy
Spedizione	Wyprawa
Temperatura	Temperatura
Topografia	Topografia

Api
Pszczoły

Ali	Skrzydła
Alveare	Ul
Benefico	Korzystny
Cera	Wosk
Cibo	Żywność
Diversità	Różnorodność
Ecosistema	Ekosystem
Fiori	Kwiaty
Fiorire	Kwitnąć
Frutta	Owoc
Fumo	Dym
Giardino	Ogród
Habitat	Siedlisko
Insetto	Owad
Miele	Miód
Piante	Rośliny
Polline	Pyłek
Regina	Królowa
Sciame	Rój
Sole	Słońce

Arrampicata
Wspinaczka

Altitudine	Wysokość
Atmosfera	Atmosfera
Casco	Kask
Curiosità	Ciekawość
Escursioni	Wędrówki
Esperto	Ekspert
Fisico	Fizyczny
Formazione	Szkolenie
Forza	Siła
Grotta	Jaskinia
Guanti	Rękawiczki
Guide	Przewodniki
Mappa	Mapa
Sfide	Wyzwania
Stabilità	Stabilność
Stivali	Buty
Stretto	Wąska
Terreno	Teren

Arte
Sztuka

Ceramica	Ceramiczny
Complesso	Kompleks
Composizione	Kompozycja
Creare	Stwórz
Dipinti	Obrazy
Espressione	Wyrażenie
Ispirato	Zainspirowany
Onesto	Uczciwy
Originale	Oryginał
Personale	Osobisty
Poesia	Poezja
Ritrarre	Przedstawiać
Scultura	Rzeźba
Semplice	Prosty
Simbolo	Symbol
Soggetto	Temat
Surrealismo	Surrealizm
Umore	Nastrój
Visivo	Wizualny

Arti Visive
Sztuki Wizualne

Architettura	Architektura
Argilla	Glina
Artista	Artysta
Capolavoro	Arcydzieło
Cavalletto	Sztaluga
Cera	Wosk
Ceramica	Ceramika
Composizione	Kompozycja
Creatività	Kreatywność
Film	Film
Fotografia	Fotografia
Gesso	Kreda
Matita	Ołówek
Penna	Długopis
Pittura	Malarstwo
Prospettiva	Perspektywa
Ritratto	Portret
Scultura	Rzeźba
Vernice	Lakier

Astronomia
Astronomia

Asteroide	Asteroida
Astronauta	Astronauta
Astronomo	Astronom
Cielo	Niebo
Cosmo	Kosmos
Costellazione	Konstelacja
Equinozio	Równonoc
Galassia	Galaktyka
Gravità	Grawitacja
Luna	Księżyc
Meteora	Meteor
Nebulosa	Mgławica
Osservatorio	Obserwatorium
Pianeta	Planeta
Razzo	Rakieta
Supernova	Supernowa
Telescopio	Teleskop
Terra	Ziemia
Universo	Wszechświat
Zodiaco	Zodiak

Attività
Działalność

Abilità	Umiejętność
Arte	Sztuka
Artigianato	Rzemiosła
Attività	Działalność
Caccia	Polowanie
Campeggio	Kemping
Ceramica	Ceramika
Cucire	Szycie
Danza	Taniec
Escursioni	Wędrówki
Fotografia	Fotografia
Giardinaggio	Ogrodnictwo
Giochi	Gry
Lettura	Czytanie
Magia	Magia
Pesca	Wędkarstwo
Piacere	Przyjemność
Puzzle	Zagadki
Rilassamento	Relaks
Tempo Libero	Wypoczynek

Attività e Tempo Libero
Aktywność i Wypoczynek

Arte	Sztuka
Baseball	Baseball
Basket	Koszykówka
Boxe	Boks
Calcio	Piłka Nożna
Campeggio	Kemping
Escursioni	Wędrówki
Giardinaggio	Ogrodnictwo
Golf	Golf
Hobby	Hobby
Immersione	Nurkowanie
Nuoto	Pływanie
Pallavolo	Siatkówka
Pesca	Wędkarstwo
Pittura	Malarstwo
Rilassante	Odprężający
Shopping	Zakupy
Surf	Surfing
Tennis	Tenis
Viaggio	Podróż

Avventura
Przygoda

Amici	Przyjaciele
Attività	Działalność
Bellezza	Piękno
Caso	Szansa
Coraggio	Odwaga
Difficoltà	Trudność
Entusiasmo	Entuzjazm
Escursione	Wycieczka
Gioia	Radość
Insolito	Niezwykły
Natura	Natura
Navigazione	Nawigacja
Nuovo	Nowy
Opportunità	Okazja
Pericoloso	Niebezpieczny
Preparazione	Przygotowanie
Sfide	Wyzwania
Sorprendente	Zaskakujący
Viaggi	Podróże

Balletto
Balet

Abilità	Umiejętność
Applauso	Oklaski
Artistico	Artystyczny
Ballerina	Balerina
Ballerini	Tancerze
Compositore	Kompozytor
Coreografia	Choreografia
Espressivo	Wyrazisty
Gesto	Gest
Grazioso	Wdzięczny
Intensità	Intensywność
Muscoli	Mięśnie
Musica	Muzyka
Orchestra	Orkiestra
Pratica	Ćwiczyć
Prova	Próba
Pubblico	Publiczność
Ritmo	Rytm
Stile	Styl
Tecnica	Technika

Barbecue
Grillowanie

Caldo	Gorący
Cena	Obiad
Cibo	Żywność
Cipolle	Cebule
Coltelli	Noże
Estate	Lato
Fame	Głód
Famiglia	Rodzina
Frutta	Owoc
Giochi	Gry
Griglia	Grill
Insalate	Sałatki
Invito	Zaproszenie
Musica	Muzyka
Pepe	Pieprz
Pollo	Kurczak
Pomodori	Pomidory
Sale	Sól
Salsa	Sos
Verdure	Warzywa

Campeggio
Kemping

Alberi	Drzewa
Amaca	Hamak
Animali	Zwierząt
Avventura	Przygoda
Bussola	Kompas
Cabina	Kabina
Caccia	Polowanie
Canoa	Kajak
Cappello	Kapelusz
Corda	Lina
Divertimento	Zabawa
Foresta	Las
Fuoco	Ogień
Insetto	Owad
Lago	Jezioro
Luna	Księżyc
Mappa	Mapa
Montagna	Góra
Natura	Natura
Tenda	Namiot

Campionato
Mistrzostwo

Allenatore	Trener
Campionato	Mistrzostwo
Campione	Mistrz
Finalista	Finalista
Giochi	Gry
Giudice	Sędzia
Lega	Liga
Medaglia	Medal
Motivazione	Motywacja
Prestazione	Wydajność
Resistenza	Wytrzymałość
Sportivo	Sporty
Squadra	Zespół
Strategia	Strategia
Sudore	Pot
Torneo	Turniej
Vittoria	Zwycięstwo

Casa
Dom

Attico	Strych
Biblioteca	Biblioteka
Camera	Pokój
Camino	Kominek
Cucina	Kuchnia
Doccia	Prysznic
Finestra	Okno
Garage	Garaż
Giardino	Ogród
Lampada	Lampa
Parete	Ściana
Pavimento	Piętro
Porta	Drzwi
Recinto	Ogrodzenie
Rubinetto	Kran
Scopa	Miotła
Soffitto	Sufit
Specchio	Lustro
Tappeto	Dywan
Tetto	Dach

Castelli
Zamki

Armatura	Zbroja
Catapulta	Katapulta
Cavaliere	Rycerz
Cavallo	Koń
Corona	Korona
Dinastia	Dynastia
Drago	Smok
Feudale	Feudalny
Fortezza	Twierdza
Impero	Imperium
Nobile	Szlachetny
Palazzo	Pałac
Parete	Ściana
Principe	Książę
Principessa	Księżniczka
Regno	Królestwo
Scudo	Tarcza
Spada	Miecz
Torre	Wieża
Unicorno	Jednorożec

Cibo #1
Jedzenie # 1

Aglio	Czosnek
Basilico	Bazylia
Cannella	Cynamon
Carne	Mięso
Carota	Marchewka
Cipolla	Cebula
Fragola	Truskawka
Insalata	Sałatka
Latte	Mleko
Limone	Cytryna
Menta	Mięta
Orzo	Jęczmień
Pera	Gruszka
Rapa	Rzepa
Sale	Sól
Spinaci	Szpinak
Succo	Sok
Tonno	Tuńczyk
Torta	Ciasto
Zucchero	Cukier

Cibo #2
Jedzenie # 2

Banana	Banan
Broccolo	Brokuły
Ciliegia	Wiśnia
Cioccolato	Czekolada
Formaggio	Ser
Fungo	Grzyb
Grano	Pszenica
Kiwi	Kiwi
Mela	Jabłko
Melanzana	Bakłażan
Pane	Chleb
Pesce	Ryba
Pollo	Kurczak
Pomodoro	Pomidor
Prosciutto	Szynka
Riso	Ryż
Sedano	Seler
Uovo	Jajko
Uva	Winogrono
Yogurt	Jogurt

Cioccolato
Czekolada

Amaro	Gorzki
Antiossidante	Antyoksydant
Aroma	Aromat
Cacao	Kakao
Calorie	Kalorie
Caramella	Cukierek
Caramello	Karmel
Delizioso	Pyszny
Dolce	Słodkie
Esotico	Egzotyczny
Gusto	Smak
Ingrediente	Składnik
Mangiare	Jeść
Noce di Cocco	Kokos
Polvere	Proszek
Preferito	Ulubiony
Qualità	Jakość
Ricetta	Przepis
Zucchero	Cukier

Circo
Cyrk

Acrobata	Akrobata
Animali	Zwierząt
Biglietto	Bilet
Caramella	Cukierek
Clown	Klaun
Costume	Kostium
Elefante	Słoń
Giocoliere	Żongler
Leone	Lew
Magia	Magia
Mago	Magik
Musica	Muzyka
Palloncini	Balony
Parata	Parada
Scimmia	Małpa
Spettacolare	Spektakularny
Spettatore	Widz
Tenda	Namiot
Tigre	Tygrys
Trucco	Sztuczka

Città
Miasto

Aeroporto	Lotnisko
Banca	Bank
Biblioteca	Biblioteka
Cinema	Kino
Clinica	Klinika
Farmacia	Apteka
Fiorista	Kwiaciarz
Galleria	Galeria
Hotel	Hotel
Libreria	Księgarnia
Mercato	Rynek
Museo	Muzeum
Negozio	Sklep
Panetteria	Piekarnia
Scuola	Szkoła
Stadio	Stadion
Supermercato	Supermarket
Teatro	Teatr
Università	Uniwersytet
Zoo	Zoo

Colori
Zabarwienie

Arancia	Pomarańczowy
Azzurro	Lazur
Beige	Beżowy
Bianco	Biały
Blu	Niebieski
Ciano	Cyjan
Fucsia	Fuksja
Giallo	Żółty
Grigio	Szary
Indaco	Indygo
Magenta	Magenta
Marrone	Brązowy
Nero	Czarny
Rosa	Różowy
Rosso	Czerwony
Seppia	Sepia
Verde	Zielony
Viola	Fioletowy

Commedia
Komedia

Applauso	Oklaski
Attore	Aktor
Attrice	Aktorka
Clown	Klaunów
Divertente	Zabawny
Divertimento	Zabawa
Espressivo	Wyrazisty
Genere	Gatunek
Improvvisazione	Improwizacja
Intelligente	Sprytny
Parodia	Parodia
Pubblico	Publiczność
Risata	Śmiech
Scherzi	Dowcipy
Teatro	Teatr
Televisione	Telewizja
Umorismo	Humor

Compleanno
Urodziny

Amici	Przyjaciele
Anno	Rok
Calendario	Kalendarz
Candele	Świece
Canzone	Piosenka
Carte	Karty
Celebrazione	Uroczystość
Divertimento	Zabawa
Felice	Szczęśliwy
Gioioso	Radosny
Giorno	Dzień
Giovane	Młody
Inviti	Zaproszenia
Nato	Urodzony
Regalo	Prezent
Ricordi	Wspomnienia
Saggezza	Mądrość
Speciale	Specjalny
Tempo	Czas
Torta	Ciasto

Conservazione
Ochrona Przyrody

Acqua	Woda
Ambientale	Środowisko
Cambiamenti	Zmiany
Ciclo	Cykl
Clima	Klimat
Ecosistema	Ekosystem
Educazione	Edukacja
Habitat	Siedlisko
Naturale	Naturalny
Organico	Organiczny
Pesticida	Pestycyd
Riciclare	Recykling
Ridurre	Zmniejszyć
Salute	Zdrowie
Sostenibile	Zrównoważony
Verde	Zielony
Volontario	Wolontariusz

Corpo Umano
Ciało Ludzkie

Bocca	Usta
Caviglia	Kostka
Cervello	Mózg
Collo	Szyja
Cuore	Serce
Dito	Palec
Faccia	Twarz
Gamba	Noga
Ginocchio	Kolano
Gomito	Łokieć
Mano	Ręka
Mento	Podbródek
Naso	Nos
Occhio	Oko
Orecchio	Ucho
Pelle	Skóra
Sangue	Krew
Spalla	Ramię
Stomaco	Żołądek
Testa	Głowa

Cucina
Kuchnia

Bacchette	Pałeczki
Bollitore	Czajnik
Brocca	Dzbanek
Cibo	Żywność
Ciotola	Miska
Coltelli	Noże
Congelatore	Zamrażarka
Cucchiai	Łyżki
Forchette	Widelce
Forno	Piekarnik
Frigorifero	Lodówka
Grembiule	Fartuch
Griglia	Grill
Mestolo	Chochla
Ricetta	Przepis
Spezie	Przyprawy
Spugna	Gąbka
Tazze	Kubki
Tovagliolo	Serwetka
Vaso	Słoik

Danza
Taniec

Accademia	Akademia
Arte	Sztuka
Classico	Klasyczny
Compagno	Partner
Coreografia	Choreografia
Corpo	Ciało
Cultura	Kultura
Culturale	Kulturalny
Emozione	Emocja
Espressivo	Wyrazisty
Gioioso	Radosny
Grazia	Łaska
Movimento	Ruch
Musica	Muzyka
Postura	Postawa
Prova	Próba
Ritmo	Rytm
Salto	Skok
Tradizionale	Tradycyjny
Visivo	Wizualny

Dinosauri
Dinozaury

Ali	Skrzydła
Carnivoro	Mięsożerca
Coda	Ogon
Enorme	Ogromny
Erbivoro	Roślinożerne
Evoluzione	Ewolucja
Grande	Duży
Mammut	Mamut
Onnivoro	Wszystkożerny
Potente	Potężny
Rapace	Raptor
Rettile	Gad
Scomparsa	Zanik
Specie	Gatunek
Taglia	Rozmiar
Terra	Ziemia
Vizioso	Złośliwy

Discipline Scientifiche
Dyscypliny Naukowe

Anatomia	Anatomia
Archeologia	Archeologia
Astronomia	Astronomia
Biochimica	Biochemia
Biologia	Biologia
Botanica	Botanika
Chimica	Chemia
Ecologia	Ekologia
Fisiologia	Fizjologia
Geologia	Geologia
Immunologia	Immunologia
Meccanica	Mechanika
Meteorologia	Meteorologia
Mineralogia	Mineralogia
Neurologia	Neurologia
Nutrizione	Odżywianie
Psicologia	Psychologia
Sociologia	Socjologia
Termodinamica	Termodynamika
Zoologia	Zoologia

Ecologia
Ekologia

Clima	Klimat
Comunità	Społeczności
Diversità	Różnorodność
Fauna	Fauna
Flora	Flora
Globale	Światowy
Habitat	Siedlisko
Marino	Morski
Natura	Natura
Naturale	Naturalny
Palude	Bagno
Piante	Rośliny
Risorse	Zasoby
Siccità	Susza
Sopravvivenza	Przetrwanie
Sostenibile	Zrównoważony
Specie	Gatunek
Varietà	Odmiana
Vegetazione	Roślinność
Volontari	Wolontariusze

Edifici
Budynek

Ambasciata	Ambasada
Appartamento	Apartament
Cabina	Kabina
Castello	Zamek
Cinema	Kino
Fabbrica	Fabryka
Fienile	Stodoła
Hotel	Hotel
Laboratorio	Laboratorium
Museo	Muzeum
Ospedale	Szpital
Osservatorio	Obserwatorium
Ostello	Hostel
Scuola	Szkoła
Stadio	Stadion
Supermercato	Supermarket
Teatro	Teatr
Tenda	Namiot
Torre	Wieża
Università	Uniwersytet

Emozioni
Emocji

Amore	Miłość
Beatitudine	Rozkosz
Contenuto	Zawartość
Gentilezza	Życzliwość
Gioia	Radość
Grato	Wdzięczny
Imbarazzato	Zakłopotany
Noia	Nuda
Pace	Pokój
Paura	Strach
Rabbia	Gniew
Rilievo	Ulga
Simpatia	Współczucie
Soddisfatto	Zadowolona
Sorpresa	Niespodzianka
Tenerezza	Czułość
Tranquillità	Spokój
Tristezza	Smutek

Erboristeria
Zielarstwo

Aglio	Czosnek
Aneto	Koper
Aromatico	Aromatyczny
Basilico	Bazylia
Culinario	Kulinarny
Dragoncello	Estragon
Finocchio	Koper Włoski
Fiore	Kwiat
Giardino	Ogród
Ingrediente	Składnik
Lavanda	Lawenda
Maggiorana	Majeranek
Menta	Mięta
Origano	Oregano
Prezzemolo	Pietruszka
Qualità	Jakość
Rosmarino	Rozmaryn
Timo	Tymianek
Verde	Zielony
Zafferano	Szafran

Escursionismo
Turystyka Piesza

Acqua	Woda
Animali	Zwierząt
Campeggio	Kemping
Clima	Klimat
Guide	Przewodniki
Mappa	Mapa
Montagna	Góra
Natura	Natura
Orientamento	Orientacja
Parchi	Parki
Pericoli	Zagrożenia
Pesante	Ciężki
Pietre	Kamienie
Preparazione	Przygotowanie
Scogliera	Klif
Selvaggio	Dziki
Sole	Słońce
Stanco	Zmęczony
Stivali	Buty
Vertice	Szczyt

Esplorazione
Poszukiwania

Animali	Zwierząt
Attività	Działalność
Coraggio	Odwaga
Culture	Kultury
Determinazione	Determinacja
Eccitazione	Podniecenie
Esaurimento	Wyczerpanie
Lingua	Język
Nuovo	Nowy
Pericoli	Zagrożenia
Pericoloso	Niebezpieczny
Sconosciuto	Nieznany
Scoperta	Odkrycie
Selvaggio	Dziki
Spazio	Przestrzeń
Terreno	Teren
Viaggio	Podróż

Estate
Latem

Amici	Przyjaciele
Campeggio	Kemping
Casa	Dom
Cibo	Żywność
Famiglia	Rodzina
Giardino	Ogród
Giochi	Gry
Gioia	Radość
Immersione	Nurkowanie
Libri	Książki
Mare	Morze
Musica	Muzyka
Ricordi	Wspomnienia
Rilassamento	Relaks
Sandali	Sandały
Spiaggia	Plaża
Stelle	Gwiazdy
Tempo Libero	Wypoczynek
Vacanza	Wakacje
Viaggio	Podróż

Famiglia
Rodzina

Antenato	Przodek
Bambini	Dzieci
Bambino	Dziecko
Cugino	Kuzyn
Figlia	Córka
Fratello	Brat
Infanzia	Dzieciństwo
Madre	Matka
Marito	Mąż
Materno	Macierzyński
Moglie	Żona
Nipote	Bratanek
Nipote	Wnuk
Nonna	Babcia
Nonno	Dziadek
Padre	Ojciec
Paterno	Ojcowski
Sorella	Siostra
Zia	Ciotka
Zio	Wujek

Fantascienza
Fantastyka Naukowa

Atomico	Atomowy
Cinema	Kino
Distopia	Dystopia
Esplosione	Wybuch
Estremo	Skrajny
Fantastico	Fantastyczny
Fuoco	Ogień
Futuristico	Futurystyczny
Galassia	Galaktyka
Illusione	Iluzja
Immaginario	Wyimaginowany
Libri	Książki
Misterioso	Tajemniczy
Mondo	Świat
Oracolo	Wyrocznia
Pianeta	Planeta
Realistico	Realistyczny
Robot	Roboty
Tecnologia	Technologia
Utopia	Utopia

Fattoria #1
Gospodarstwo #1

Acqua	Woda
Agricoltura	Rolnictwo
Ape	Pszczoła
Asino	Osioł
Campo	Pole
Cane	Pies
Capra	Koza
Cavallo	Koń
Fertilizzante	Nawóz
Fieno	Siano
Gatto	Kot
Gregge	Stado
Maiale	Świnia
Miele	Miód
Mucca	Krowa
Pollo	Kurczak
Recinto	Ogrodzenie
Riso	Ryż
Semi	Nasiona
Vitello	Cielę

Fattoria #2
Gospodarstwo #2

Agnello	Jagnię
Agricoltore	Rolnik
Alveare	Ul
Anatra	Kaczka
Animali	Zwierząt
Cibo	Żywność
Fienile	Stodoła
Frutta	Owoc
Frutteto	Sad
Grano	Pszenica
Irrigazione	Nawadnianie
Lama	Lama
Latte	Mleko
Mais	Kukurydza
Oche	Gęsi
Orzo	Jęczmień
Pastore	Pasterz
Pecora	Owce
Prato	Łąka
Trattore	Ciągnik

Fiori
Kwiaty

Gardenia	Gardenia
Gelsomino	Jaśmin
Giglio	Lilia
Girasole	Słonecznik
Ibisco	Hibiskus
Lavanda	Lawenda
Lilla	Liliowy
Magnolia	Magnolia
Margherita	Stokrotka
Mazzo	Bukiet
Narciso	Żonkil
Orchidea	Orchidea
Papavero	Mak
Passiflora	Passionflower
Peonia	Piwonia
Petalo	Płatek
Plumeria	Plumeria
Rosa	Róża
Trifoglio	Koniczyna
Tulipano	Tulipan

Foresta Pluviale
Las Deszczowy

Anfibi	Płazy
Botanico	Botaniczny
Clima	Klimat
Comunità	Społeczność
Diversità	Różnorodność
Giungla	Dżungla
Insetti	Owady
Mammiferi	Ssaki
Muschio	Mech
Natura	Natura
Nuvole	Chmury
Preservazione	Konserwacja
Prezioso	Cenny
Rifugio	Schronienie
Rispetto	Szacunek
Sopravvivenza	Przetrwanie
Specie	Gatunek
Uccelli	Ptaki

Forme
Kształty

Angolo	Narożnik
Arco	Łuk
Bordi	Krawędzie
Cerchio	Koło
Cilindro	Cylinder
Cono	Stożek
Cubo	Sześcian
Curva	Krzywa
Ellisse	Elipsa
Iperbole	Hiperbola
Lato	Bok
Linea	Linia
Ovale	Owal
Piramide	Piramida
Poligono	Wielokąt
Prisma	Pryzmat
Quadrato	Kwadrat
Rettangolo	Prostokąt
Sfera	Kula
Triangolo	Trójkąt

Forniture Artistiche
Materiały Artystyczne

Acqua	Woda
Acquerelli	Akwarele
Acrilico	Akryl
Argilla	Glina
Carta	Papier
Cavalletto	Sztaluga
Colla	Klej
Colori	Kolory
Creatività	Kreatywność
Gomma	Gumka
Idee	Pomysły
Inchiostro	Atrament
Matite	Ołówki
Olio	Olej
Pastelli	Pastele
Sedia	Krzesło
Spazzole	Pędzle
Tavolo	Stół
Telecamera	Kamera
Vernici	Farby

Frutta
Owoce

Albicocca	Morela
Ananas	Ananas
Arancia	Pomarańczowy
Avocado	Awokado
Bacca	Jagoda
Banana	Banan
Ciliegia	Wiśnia
Kiwi	Kiwi
Lampone	Malina
Limone	Cytryna
Mango	Mango
Mela	Jabłko
Melone	Melon
Mora	Jeżyna
Nettarina	Nektaryna
Papaia	Papaja
Pera	Gruszka
Pesca	Brzoskwinia
Prugna	Śliwka
Uva	Winogrono

Gatti
Koty

Affettuoso	Czuły
Artiglio	Pazur
Cacciatore	Myśliwy
Coda	Ogon
Curioso	Ciekawy
Divertente	Zabawny
Dormire	Sen
Filo	Przędza
Giocoso	Figlarny
Indipendente	Niezależny
Pazzo	Szalony
Pelliccia	Futro
Personalità	Osobowość
Poco	Mały
Selvaggio	Dziki
Timido	Nieśmiały
Topo	Mysz
Veloce	Szybki
Zampa	Łapa

Geografia
Geografia

Altitudine	Wysokość
Atlante	Atlas
Città	Miasto
Continente	Kontynent
Elevazione	Podniesienie
Emisfero	Półkula
Fiume	Rzeka
Isola	Wyspa
Mappa	Mapa
Mare	Morze
Meridiano	Południk
Mondo	Świat
Montagna	Góra
Nord	Północ
Oceano	Ocean
Ovest	Zachód
Paese	Kraj
Regione	Region
Sud	Południe
Territorio	Terytorium

Geologia
Geologia

Acido	Kwas
Altopiano	Płaskowyż
Calcio	Wapń
Caverna	Grota
Continente	Kontynent
Corallo	Koral
Cristalli	Kryształy
Erosione	Erozja
Fossile	Skamieniałość
Geyser	Gejzer
Lava	Lawa
Minerali	Minerały
Pietra	Kamień
Quarzo	Kwarc
Sale	Sól
Stalagmiti	Stalagmity
Stalattite	Stalaktyt
Strato	Warstwa
Vulcano	Wulkan
Zona	Strefa

Giardino
Ogród

Albero	Drzewo
Amaca	Hamak
Cespuglio	Krzak
Erba	Trawa
Erbacce	Chwasty
Fiore	Kwiat
Frutteto	Sad
Garage	Garaż
Giardino	Ogród
Pala	Łopata
Panca	Ławka
Prato	Trawnik
Rastrello	Grabie
Recinto	Ogrodzenie
Stagno	Staw
Suolo	Gleba
Terrazza	Taras
Trampolino	Trampolina
Tubo	Wąż
Vite	Winorośl

Giocattoli
Zabawki

Aereo	Samolot
Aquilone	Latawiec
Argilla	Glina
Artigianato	Rzemiosła
Auto	Samochód
Bambola	Lalka
Barca	Łódź
Batteria	Bębny
Bicicletta	Rower
Camion	Ciężarówka
Giochi	Gry
Immaginazione	Wyobraźnia
Libri	Książki
Palla	Piłka
Preferito	Ulubiony
Puzzle	Puzzle
Robot	Robot
Scacchi	Szachy
Treno	Pociąg
Vernici	Farby

Giorni e Mesi
Dni i Miesiące

Agosto	Sierpień
Anno	Rok
Aprile	Kwiecień
Calendario	Kalendarz
Dicembre	Grudzień
Domenica	Niedziela
Febbraio	Luty
Gennaio	Styczeń
Giugno	Czerwiec
Luglio	Lipiec
Lunedì	Poniedziałek
Martedì	Wtorek
Mercoledì	Środa
Mese	Miesiąc
Novembre	Listopad
Ottobre	Październik
Sabato	Sobota
Settembre	Wrzesień
Settimana	Tydzień
Venerdì	Piątek

Guida
Prowadzenie Pojazdów

Attenzione	Ostrożność
Autista	Kierowca
Auto	Samochód
Autobus	Autobus
Carburante	Paliwo
Freni	Hamulce
Garage	Garaż
Gas	Gaz
Incidente	Wypadek
Licenza	Licencja
Mappa	Mapa
Moto	Motocykl
Motore	Silnik
Pedonale	Pieszy
Polizia	Policja
Strada	Ulica
Traffico	Ruch Drogowy
Trasporto	Transport
Tunnel	Tunel
Velocità	Prędkość

Imbarcazioni
Łodzie

Albero	Maszt
Ancora	Kotwica
Barca a Vela	Żaglówka
Boa	Boja
Canoa	Kajak
Corda	Lina
Equipaggio	Załoga
Fiume	Rzeka
Lago	Jezioro
Mare	Morze
Marea	Fala
Marinaio	Marynarz
Marittimo	Morski
Motore	Silnik
Nautico	Nautyczny
Oceano	Ocean
Onde	Fale
Traghetto	Prom
Yacht	Jacht
Zattera	Tratwa

Insetti
Owady

Afide	Mszyca
Ape	Pszczoła
Calabrone	Szerszeń
Cavalletta	Konik Polny
Cicala	Cykada
Coccinella	Biedronka
Coleottero	Chrząszcz
Falena	Ćma
Farfalla	Motyl
Formica	Mrówka
Larva	Larwa
Libellula	Ważka
Locusta	Szarańcza
Mantide	Modliszka
Pulce	Pchła
Scarafaggio	Karaluch
Termite	Termit
Verme	Robak
Vespa	Osa
Zanzara	Komar

Letteratura
Literatura

Analisi	Analiza
Analogia	Analogia
Aneddoto	Anegdota
Autore	Autor
Biografia	Biografia
Conclusione	Wniosek
Confronto	Porównanie
Descrizione	Opis
Dialogo	Dialog
Genere	Gatunek
Metafora	Metafora
Opinione	Opinia
Poesia	Wiersz
Poetico	Poetycki
Rima	Rym
Ritmo	Rytm
Romanzo	Powieść
Stile	Styl
Tema	Temat
Tragedia	Tragedia

Libri
Książki

Autore	Autor
Avventura	Przygoda
Collezione	Kolekcja
Contesto	Kontekst
Dualità	Dualizm
Epico	Epicki
Inventivo	Wynalazczy
Letterario	Literacki
Lettore	Czytelnik
Narratore	Narrator
Pagina	Strona
Poesia	Poezja
Rilevante	Istotne
Romanzo	Powieść
Scritto	Pisemny
Serie	Seria
Storia	Historia
Storico	Historyczny
Tragico	Tragiczny
Umoristico	Humorystyczny

Mammiferi
Ssaki

Balena	Wieloryb
Cane	Pies
Canguro	Kangur
Cavallo	Koń
Cervo	Jeleń
Coniglio	Królik
Coyote	Kojot
Delfino	Delfin
Elefante	Słoń
Gatto	Kot
Giraffa	Żyrafa
Gorilla	Goryl
Leone	Lew
Lupo	Wilk
Orso	Niedźwiedź
Pecora	Owce
Scimmia	Małpa
Toro	Byk
Volpe	Lis
Zebra	Zebra

Matematica
Matematyka

Angoli	Kąty
Aritmetica	Arytmetyka
Decimale	Dziesiętny
Diametro	Średnica
Divisione	Podział
Equazione	Równanie
Esponente	Wykładnik
Frazione	Frakcja
Geometria	Geometria
Parallelo	Równoległy
Parallelogramma	Równoległobok
Perimetro	Obwód
Poligono	Wielokąt
Quadrato	Kwadrat
Raggio	Promień
Rettangolo	Prostokąt
Simmetria	Symetria
Somma	Suma
Triangolo	Trójkąt
Volume	Objętość

Meditazione
Medytacja

Accettazione	Przyjęcie
Attenzione	Uwaga
Calma	Spokój
Chiarezza	Przejrzystość
Compassione	Współczucie
Emozioni	Emocje
Gentilezza	Życzliwość
Gratitudine	Wdzięczność
Mentale	Psychiczny
Mente	Umysł
Movimento	Ruch
Musica	Muzyka
Natura	Natura
Osservazione	Obserwacja
Pace	Pokój
Pensieri	Myśli
Postura	Postawa
Prospettiva	Perspektywa
Respirazione	Oddechowy
Silenzio	Cisza

Meteo
Pogoda

Arcobaleno	Tęcza
Asciutto	Suchy
Atmosfera	Atmosfera
Brezza	Bryza
Cielo	Niebo
Clima	Klimat
Fulmine	Piorun
Ghiaccio	Lód
Monsone	Monsun
Nebbia	Mgła
Nube	Chmura
Polare	Polarny
Siccità	Susza
Temperatura	Temperatura
Tempesta	Burza
Tornado	Tornado
Tropicale	Tropikalny
Tuono	Grzmot
Uragano	Huragan
Vento	Wiatr

Misurazioni
Pomiary

Altezza	Wysokość
Byte	Bajt
Centimetro	Centymetr
Chilogrammo	Kilogram
Chilometro	Kilometr
Decimale	Dziesiętny
Grado	Stopień
Grammo	Gram
Larghezza	Szerokość
Litro	Litr
Lunghezza	Długość
Massa	Masa
Metro	Metr
Minuto	Minuta
Oncia	Uncja
Peso	Waga
Pollice	Cal
Profondità	Głębokość
Tonnellata	Tona
Volume	Objętość

Mitologia
Mitologia

Archetipo	Archetyp
Comportamento	Zachowanie
Creatura	Stworzenie
Creazione	Kreacja
Credenze	Wierzenia
Cultura	Kultura
Disastro	Katastrofa
Divinità	Bóstw
Eroe	Bohater
Forza	Siła
Fulmine	Piorun
Gelosia	Zazdrość
Guerriero	Wojownik
Labirinto	Labirynt
Leggenda	Legenda
Magico	Magiczny
Mortale	Śmiertelny
Mostro	Potwór
Tuono	Grzmot
Vendetta	Zemsta

Mobili
Meble

Amaca	Hamak
Cuscini	Poduszki
Cuscino	Poduszka
Divano	Kanapa
Futon	Futon
Lampada	Lampa
Letto	Łóżko
Libreria	Regał
Materasso	Materac
Panca	Ławka
Poltrona	Fotel
Scaffali	Półki
Scrivania	Biurko
Sedia	Krzesło
Specchio	Lustro
Tappeto	Dywan
Tende	Zasłony

Natura
Przyroda

Animali	Zwierząt
Api	Pszczoły
Artico	Arktyczny
Bellezza	Piękno
Deserto	Pustynia
Dinamico	Dynamiczny
Erosione	Erozja
Fiume	Rzeka
Fogliame	Liści
Foresta	Las
Ghiacciaio	Lodowiec
Montagne	Góry
Nebbia	Mgła
Nuvole	Chmury
Rifugio	Schronienie
Santuario	Sanktuarium
Selvaggio	Dziki
Sereno	Spokojny
Tropicale	Tropikalny
Vitale	Istotne

Numeri
Liczby

Cinque	Pięć
Decimale	Dziesiętny
Diciassette	Siedemnaście
Diciotto	Osiemnaście
Dieci	Dziesięć
Dodici	Dwanaście
Due	Dwa
Nove	Dziewięć
Otto	Osiem
Quattordici	Czternaście
Quattro	Cztery
Quindici	Piętnaście
Sedici	Szesnaście
Sei	Sześć
Sette	Siedem
Tre	Trzy
Tredici	Trzynaście
Uno	Jeden
Venti	Dwadzieścia
Zero	Zero

Nutrizione
Odżywianie

Amaro	Gorzki
Appetito	Apetyt
Bilanciato	Zrównoważony
Calorie	Kalorie
Carboidrati	Węglowodany
Commestibile	Jadalny
Dieta	Dieta
Digestione	Trawienie
Fermentazione	Fermentacja
Gusto	Smak
Liquidi	Płyny
Peso	Waga
Proteine	Białka
Qualità	Jakość
Salsa	Sos
Salute	Zdrowie
Sano	Zdrowy
Spezie	Przyprawy
Tossina	Toksyna
Vitamina	Witamina

Oceano
Ocean

Anguilla	Węgorz
Balena	Wieloryb
Barca	Łódź
Corallo	Koral
Delfino	Delfin
Gamberetto	Krewetka
Granchio	Krab
Maree	Pływy
Medusa	Meduza
Onde	Fale
Ostrica	Ostryga
Pesce	Ryba
Polpo	Ośmiornica
Sale	Sól
Scogliera	Rafa
Spugna	Gąbka
Squalo	Rekin
Tartaruga	Żółw
Tempesta	Burza
Tonno	Tuńczyk

Paesaggi
Krajobrazy

Cascata	Wodospad
Collina	Wzgórze
Deserto	Pustynia
Fiume	Rzeka
Geyser	Gejzer
Ghiacciaio	Lodowiec
Grotta	Jaskinia
Iceberg	Góra Lodowa
Isola	Wyspa
Lago	Jezioro
Mare	Morze
Montagna	Góra
Oasi	Oaza
Oceano	Ocean
Palude	Bagno
Penisola	Półwysep
Spiaggia	Plaża
Tundra	Tundra
Valle	Dolina
Vulcano	Wulkan

Paesi #2
Kraje # 2

Albania	Albania
Danimarca	Dania
Etiopia	Etiopia
Giamaica	Jamajka
Giappone	Japonia
Grecia	Grecja
Haiti	Haiti
Indonesia	Indonezja
Irlanda	Irlandia
Laos	Laos
Liberia	Liberia
Messico	Meksyk
Nepal	Nepal
Nigeria	Nigeria
Pakistan	Pakistan
Russia	Rosja
Siria	Syria
Sudan	Sudan
Ucraina	Ukraina
Uganda	Uganda

Pesca
Wędkarstwo

Acqua	Woda
Attrezzatura	Sprzęt
Barca	Łódź
Branchie	Skrzela
Cesto	Kosz
Cucinare	Gotować
Esagerazione	Przesada
Esca	Przynęta
Filo	Drut
Fiume	Rzeka
Gancio	Hak
Lago	Jezioro
Mascella	Szczęka
Oceano	Ocean
Pazienza	Cierpliwość
Peso	Waga
Pinne	Płetwy
Spiaggia	Plaża

Piante
Rośliny

Albero	Drzewo
Bacca	Jagoda
Bambù	Bambus
Botanica	Botanika
Cactus	Kaktus
Cespuglio	Krzak
Crescere	Rosnąć
Edera	Bluszcz
Erba	Trawa
Fagiolo	Fasola
Fertilizzante	Nawóz
Fiore	Kwiat
Flora	Flora
Fogliame	Liści
Foresta	Las
Giardino	Ogród
Muschio	Mech
Petalo	Płatek
Radice	Źródło
Vegetazione	Roślinność

Pirati
Piraci

Ancora	Kotwica
Avventura	Przygoda
Bandiera	Flaga
Bussola	Kompas
Capitano	Kapitan
Cattivo	Zły
Cicatrice	Blizna
Equipaggio	Załoga
Grotta	Jaskinia
Isola	Wyspa
Leggenda	Legenda
Mappa	Mapa
Monete	Monety
Oceano	Ocean
Oro	Złoto
Pappagallo	Papuga
Rum	Rum
Spada	Miecz
Spiaggia	Plaża
Tesoro	Skarb

Professioni #1
Zawody # 1

Allenatore	Trener
Ambasciatore	Ambasador
Artista	Artysta
Astronomo	Astronom
Avvocato	Prawnik
Ballerino	Tancerz
Banchiere	Bankier
Cacciatore	Myśliwy
Cartografo	Kartograf
Editore	Redaktor
Farmacista	Farmaceuta
Geologo	Geolog
Gioielliere	Jubiler
Idraulico	Hydraulik
Infermiera	Pielęgniarka
Marinaio	Marynarz
Musicista	Muzyk
Pianista	Pianista
Psicologo	Psycholog
Scienziato	Naukowiec

Professioni #2
Zawody # 2

Astronauta	Astronauta
Bibliotecario	Bibliotekarz
Biologo	Biolog
Chirurgo	Chirurg
Dentista	Dentysta
Detective	Detektyw
Filosofo	Filozof
Fotografo	Fotograf
Giardiniere	Ogrodnik
Giornalista	Dziennikarz
Illustratore	Ilustrator
Ingegnere	Inżynier
Insegnante	Nauczyciel
Inventore	Wynalazca
Linguista	Językoznawca
Medico	Lekarz
Pilota	Pilot
Pittore	Malarz
Ricercatore	Badacz
Zoologo	Zoolog

Riempire
Do Wypełnienia

Bacino	Basen
Barile	Beczka
Borsa	Torba
Bottiglia	Butelka
Busta	Koperta
Cartella	Folder
Cartone	Karton
Cassa	Skrzynia
Cassetto	Szuflada
Cesto	Kosz
Nave	Naczynie
Pacchetto	Pakiet
Scatola	Pudełko
Secchio	Wiadro
Tasca	Kieszeń
Tubo	Rura
Valigia	Walizka
Vasca	Wanna
Vaso	Wazon
Vassoio	Taca

Ristorante #1
Restauracja # 1

Allergia	Alergia
Caffè	Kawa
Cameriera	Kelnerka
Carne	Mięso
Cassiere	Kasjer
Cibo	Żywność
Ciotola	Miska
Coltello	Nóż
Cucina	Kuchnia
Dessert	Deser
Ingredienti	Składniki
Mangiare	Jeść
Menù	Menu
Pane	Chleb
Piatto	Talerz
Piccante	Pikantny
Pollo	Kurczak
Prenotazione	Rezerwacja
Salsa	Sos
Tovagliolo	Serwetka

Ristorante #2
Restauracja # 2

Acqua	Woda
Aperitivo	Przystawka
Bevanda	Napój
Cameriere	Kelner
Cena	Obiad
Cucchiaio	Łyżka
Delizioso	Pyszny
Forchetta	Widelec
Frutta	Owoc
Ghiaccio	Lód
Insalata	Sałatka
Minestra	Zupa
Pesce	Ryba
Sale	Sól
Sedia	Krzesło
Spezie	Przyprawy
Torta	Ciasto
Uova	Jaja
Verdure	Warzywa

Scacchi
Szachy

Avversario	Przeciwnik
Bianco	Biały
Campione	Mistrz
Concorso	Konkurs
Diagonale	Przekątna
Giocatore	Gracz
Gioco	Gra
Intelligente	Sprytny
Nero	Czarny
Passivo	Bierny
Punti	Punkty
Re	Król
Regina	Królowa
Regole	Zasady
Sacrificio	Poświęcenie
Sfide	Wyzwania
Strategia	Strategia
Tempo	Czas
Torneo	Turniej

Scienza
Nauki Ścisłe

Atomo	Atom
Chimico	Chemiczny
Clima	Klimat
Dati	Dane
Esperimento	Eksperyment
Evoluzione	Ewolucja
Fatto	Fakt
Fisica	Fizyka
Fossile	Skamieniałość
Gravità	Grawitacja
Ipotesi	Hipoteza
Laboratorio	Laboratorium
Metodo	Metoda
Minerali	Minerały
Molecole	Cząsteczki
Natura	Natura
Organismo	Organizm
Osservazione	Obserwacja
Particelle	Cząstki
Scienziato	Naukowiec

Scuola #1
Szkoła nr 1

Alfabeto	Alfabet
Amici	Przyjaciele
Aula	Klasa
Biblioteca	Biblioteka
Carta	Papier
Cartelle	Foldery
Divertimento	Zabawa
Esami	Egzaminy
Insegnante	Nauczyciel
Libri	Książki
Marcatori	Markery
Matematica	Matematyka
Matita	Ołówek
Numeri	Liczby
Penne	Długopisy
Pranzo	Obiad
Quiz	Quiz
Risposte	Odpowiedzi
Scrivania	Biurko
Sedia	Krzesło

Scuola #2
Szkoła nr 2

Accademico	Akademicki
Autobus	Autobus
Biblioteca	Biblioteka
Calendario	Kalendarz
Carta	Papier
Computer	Komputer
Dizionario	Słownik
Educazione	Edukacja
Forbici	Nożyczki
Giochi	Gry
Grammatica	Gramatyka
Insegnante	Nauczyciel
Letteratura	Literatura
Lettura	Czytanie
Libri	Książki
Matematica	Matematyka
Matita	Ołówek
Scarpe	Buty
Scienza	Nauka
Zaino	Plecak

Spezie
Przyprawy

Aglio	Czosnek
Amaro	Gorzki
Anice	Anyż
Cannella	Cynamon
Cardamomo	Kardamon
Cipolla	Cebula
Coriandolo	Kolendra
Cumino	Kminek
Curcuma	Kurkuma
Curry	Curry
Dolce	Słodkie
Finocchio	Koper Włoski
Gusto	Smak
Liquirizia	Lukrecja
Paprika	Papryka
Pepe	Pieprz
Sale	Sól
Vaniglia	Wanilia
Zafferano	Szafran
Zenzero	Imbir

Spiaggia
Plaża

Asciugamano	Ręcznik
Barca	Łódź
Barca a Vela	Żaglówka
Blu	Niebieski
Costa	Wybrzeże
Dock	Dok
Granchio	Krab
Isola	Wyspa
Laguna	Laguna
Mare	Morze
Nuotare	Pływać
Oceano	Ocean
Ombrello	Parasol
Sabbia	Piasek
Sandali	Sandały
Scogliera	Rafa
Sole	Słońce
Vacanza	Wakacje

Sport
Sporty

Allenatore	Trener
Arbitro	Sędzia
Atleta	Atleta
Baseball	Baseball
Basket	Koszykówka
Bicicletta	Rower
Campionato	Mistrzostwo
Ginnastica	Gimnastyka
Giocatore	Gracz
Gioco	Gra
Golf	Golf
Hockey	Hokej
Movimento	Ruch
Nuotare	Pływać
Palestra	Gimnazjum
Squadra	Zespół
Stadio	Stadion
Tennis	Tenis
Vincitore	Zwycięzca

Strumenti Musicali
Instrumenty Muzyczne

Armonica	Harmonijka
Arpa	Harfa
Banjo	Banjo
Chitarra	Gitara
Clarinetto	Klarnet
Fagotto	Fagot
Flauto	Flet
Gong	Gong
Mandolino	Mandolina
Marimba	Marimba
Oboe	Obój
Percussione	Perkusja
Pianoforte	Pianino
Sassofono	Saksofon
Tamburello	Tamburyn
Tamburo	Bęben
Tromba	Trąbka
Trombone	Puzon
Violino	Skrzypce
Violoncello	Wiolonczela

Strumenti di Cottura
Narzędzia do Gotowania

Bollitore	Czajnik
Colino	Durszlak
Coltello	Nóż
Coperchio	Wieko
Cucchiaio	Łyżka
Filtro	Sitko
Forbici	Nożyczki
Forchetta	Widelec
Forno	Piekarnik
Frigorifero	Lodówka
Frullatore	Mikser
Grattugia	Tarka
Posate	Sztućce
Spatola	Łopatka
Spremiagrumi	Sokowirówka
Stufa	Piec
Termometro	Termometr
Tostapane	Toster

Surf
Surfing

Atleta	Atleta
Campione	Mistrz
Divertimento	Zabawa
Estremo	Skrajny
Folla	Tłumy
Forza	Siła
Meteo	Pogoda
Nuotare	Pływać
Oceano	Ocean
Onda	Fala
Pagaia	Wiosło
Popolare	Popularny
Principiante	Początkujący
Schiuma	Pianka
Scogliera	Rafa
Spiaggia	Plaża
Stile	Styl
Stomaco	Żołądek
Velocità	Prędkość

Tempo
Czas

Anno	Rok
Annuale	Rocznie
Calendario	Kalendarz
Decennio	Dekada
Dopo	Po
Futuro	Przyszłość
Giorno	Dzień
Ieri	Wczoraj
Mattina	Rano
Mese	Miesiąc
Mezzogiorno	Południe
Minuto	Minuta
Notte	Noc
Oggi	Dzisiaj
Ora	Godzina
Orologio	Zegar
Presto	Wkrótce
Prima	Przed
Secolo	Stulecie
Settimana	Tydzień

Tipi di Capelli
Rodzaje Włosów

Argento	Srebro
Asciutto	Suchy
Bianco	Biały
Biondo	Blond
Breve	Krótki
Calvo	Łysy
Colorato	Kolorowe
Grigio	Szary
Intrecciato	Pleciony
Liscio	Gładki
Lungo	Długie
Marrone	Brązowy
Morbido	Miękki
Nero	Czarny
Riccio	Kręcone
Riccioli	Loki
Sano	Zdrowy
Sottile	Cienki
Spessore	Gruby
Trecce	Warkocze

Uccelli
Ptaki

Airone	Czapla
Anatra	Kaczka
Aquila	Orzeł
Cicogna	Bocian
Cigno	Łabędź
Cuculo	Kukułka
Falco	Jastrząb
Fenicottero	Flaming
Gabbiano	Mewa
Oca	Gęś
Pappagallo	Papuga
Passero	Wróbel
Pavone	Paw
Pellicano	Pelikan
Piccione	Gołąb
Pinguino	Pingwin
Pollo	Kurczak
Struzzo	Struś
Tucano	Tukan
Uovo	Jajko

Vacanze #2
Wakacje # 2

Aeroporto	Lotnisko
Campeggio	Kemping
Foto	Zdjęcia
Hotel	Hotel
Isola	Wyspa
Mappa	Mapa
Mare	Morze
Montagne	Góry
Passaporto	Paszport
Ristorante	Restauracja
Spiaggia	Plaża
Straniero	Cudzoziemiec
Taxi	Taxi
Tempo Libero	Wypoczynek
Tenda	Namiot
Trasporto	Transport
Treno	Pociąg
Vacanza	Wakacje
Viaggio	Podróż
Visto	Wiza

Veicoli
Pojazdy

Aereo	Samolot
Ambulanza	Ambulans
Auto	Samochód
Autobus	Autobus
Barca	Łódź
Bicicletta	Rower
Camion	Ciężarówka
Caravan	Karawana
Elicottero	Śmigłowiec
Metropolitana	Metro
Motore	Silnik
Pneumatici	Opony
Razzo	Rakieta
Scooter	Skuter
Sottomarino	Łódź Podwodna
Taxi	Taxi
Traghetto	Prom
Trattore	Ciągnik
Treno	Pociąg
Zattera	Tratwa

Verdure
Warzywa

Aglio	Czosnek
Broccolo	Brokuły
Carciofo	Karczoch
Carota	Marchewka
Cetriolo	Ogórek
Cipolla	Cebula
Fungo	Grzyb
Insalata	Sałatka
Melanzana	Bakłażan
Patata	Ziemniak
Pisello	Groch
Pomodoro	Pomidor
Prezzemolo	Pietruszka
Rapa	Rzepa
Ravanello	Rzodkiewka
Scalogno	Szalotka
Sedano	Seler
Spinaci	Szpinak
Zenzero	Imbir
Zucca	Dynia

Vestiti
Ubrania

Abito	Sukienka
Braccialetto	Bransoletka
Camicetta	Bluza
Camicia	Koszula
Cappello	Kapelusz
Cappotto	Płaszcz
Cintura	Pas
Collana	Naszyjnik
Giacca	Kurtka
Gonna	Spódnica
Grembiule	Fartuch
Guanti	Rękawiczki
Jeans	Dżinsy
Maglione	Sweter
Moda	Moda
Pantaloni	Spodnie
Pigiama	Piżama
Sandali	Sandały
Scarpa	But
Sciarpa	Szalik

Virtù #1
Cnoty # 1

Affascinante	Uroczy
Affidabile	Niezawodny
Appassionato	Namiętny
Artistico	Artystyczny
Buono	Dobry
Curioso	Ciekawy
Decisivo	Decydujący
Divertente	Zabawny
Efficiente	Wydajny
Generoso	Hojny
Indipendente	Niezależny
Intelligente	Inteligentny
Modesto	Skromny
Paziente	Pacjent
Pratico	Praktyczny
Pulito	Czysty
Saggio	Mądry
Utile	Pomocny

Congratulazioni

Ce l'hai fatta!

Speriamo che questo libro vi sia piaciuto tanto quanto a noi è piaciuto concepirlo. Ci sforziamo di creare libri della più alta qualità possibile.
Questa edizione è progettata per fornire un apprendimento intelligente, di qualità e divertente!

Le è piaciuto questo libro?

Una Semplice Richiesta

Questi libri esistono grazie alle recensioni che pubblicate.

Puoi aiutarci lasciando una recensione
ora a questo link ?

BestBooksActivity.com/Recensioni50

SFIDA FINALE!

Sfida n°1

Sei pronto per il tuo gioco gratuito? Li usiamo sempre, ma non sono così facili da trovare - ecco i **Sinonimi!**

Scrivi 5 parole che hai trovato nei puzzle (n° 21, n° 36, n° 76) e prova a trovare 2 sinonimi per ogni parola.

Scrivi 5 parole del *Puzzle 21*

Parole	Sinonimo 1	Sinonimo 2

Scrivi 5 parole del *Puzzle 36*

Parole	Sinonimo 1	Sinonimo 2

Scrivi 5 parole del *Puzzle 76*

Parole	Sinonimo 1	Sinonimo 2

Sfida n°2

Ora che ti sei riscaldato, scrivi 5 parole che hai trovato nei puzzle n° 9, n° 17 e n° 25 e cerca di trovare 2 contrari per ogni parola. Quanti ne puoi trovare in 20 minuti?

Scrivi 5 parole del **Puzzle 9**

Parole	Antonimo 1	Antonimo 2

Scrivi 5 parole del **Puzzle 17**

Parole	Antonimo 1	Antonimo 2

Scrivi 5 parole del **Puzzle 25**

Parole	Antonimo 1	Antonimo 2

Sfida n°3

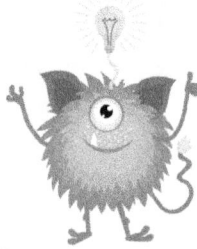

Grande! Questa sfida non è niente per te!

Pronto per la sfida finale? Scegli 10 parole che hai scoperto nei diversi puzzle e scrivile qui sotto.

1.	6.
2.	7.
3.	8.
4.	9.
5.	10.

Ora scrivi un testo pensando a una persona, un animale o un luogo che ti piace.

Puoi usare l'ultima pagina di questo libro come bozza.

La tua composizione:

TACCUINO:

A PRESTO!

Tutta la Squadra

SCOPRIRE GIOCHI GRATIS

GO

↓

BESTACTIVITYBOOKS.COM/FREEGAMES